LES

LOIS DE LA NATURE

ET LES

LOIS SOCIALES

PAR

AUGER

Les hommes, par la force justifient leurs crimes,
Et punissent encore les plaintes de leurs victimes

Place holder

LYON
IMPRIMERIE P.-M. PERRELLON
Grande rue de la Guillotière, 28

1883

LES LOIS DE LA NATURE

ET

LES LOIS SOCIALES

8ºR
5758

LES
LOIS DE LA NATURE

ET LES

LOIS SOCIALES

PAR

AUGER

DÉPÔT LÉGAL
Rhône
N.º 98
1884

———————

Les hommes, par la force justifient leurs crimes,
Et punissent encore les plaintes de leurs victimes.

———————

LYON
IMPRIMERIE P.-M. PERRELLON
Grande rue de la Guillotière, 28

—

1883

PRÉFACE

En regardant à travers les populations humaines, lorsque l'on voit les maux que les hommes se font par leur faute, une réflexion subite s'empare de nous : on doute de sa raison; mais si l'on persévère à examiner cet assemblage d'êtres disparates, se battant, se volant, se trompant, se honnissant : le dégoût et le mépris succèdent à la première impression.

On se demande comment il se fait qu'à travers les siècles qui ont produit des êtres bons et dévoués, le secret du bien soit resté impénétrable, et, que ceux qui ont payé de leur vie pour avoir émis des idées généreuses, n'ont semé que du mal où ils croyaient avoir répandu la semence du bien.

Pour se rendre compte de ces effets, il est nécessaire de remonter aux causes, de pénétrer dans le milieu du passé, et de juger avec nos connaissances, comparativement aux leurs, et nous finissons par comprendre leurs erreurs et leurs fautes, qui sont encore souveraines de nos jours, malgré notre savoir, dominé par les préjugés de l'ignorance du grand nombre, exploité par quelques intéressés.

Alors, nous comprenons l'impuissance de ces hommes, malgré leurs désirs, imbus d'idées abstraites, ignorant la nature et ses lois, qui sont les seules bases immuables pour rétablir la raison qui détermine la justice et le jugement, ils bâtissaient des théories qu'ils symbolisaient parce qu'elles ne résistaient pas à l'analyse des intelligences développées.

Ces théories embellies par la poésie, ont donné naissance à des réunions de partisans, qui constituent des corps artificiels ou parasites, par conséquent des maladies sociales, vivant au détriment de la société naturelle.

Ces réunions parasites, comme tous les autres corps dans l'enfance, se sont présentées aux hommes avec la douceur caressante de la jeunesse; devenues puissantes, la brutalité de la force a continué sa traînée sanglante à travers les peuples sous un nom nouveau. Alors, malheur aux opposants! les fils des martyrs se sont faits bourreaux.

Les hommes ainsi engagés dans une voie qui est la cause de leur existence professionnelle, quelque fausse qu'elle soit, sont voués à sa défense par intérêt, et déclarent ennemis tout ce qui lui est contraire.

Ces conditions ont imposé le devoir à tous les membres d'une semblable organisation, de s'emparer de l'homme à sa naissance, de l'accompagner comme une ombre durant sa vie, afin de lui montrer continuellement l'espace et les idoles comme espoir, pour le détourner de la vérité que le hasard pourrait lui montrer.

Les hommes ainsi façonnés, s'habituent à cet état d'idiotisme, s'énivrent en pensées du bonheur à venir qui leur est promis, et sont aussi ennemis de la vérité qui détruirait leur enchantement, que les oiseaux de nuit le sont de la lumière.

La même fiction est exploitée chez tous les

peuples, sous des noms divers, et a donné naissance à des corps semblables, ennemis les uns des autres par intérêt, se disputant l'empire du monde.

L'asservissement des peuples par les pouvoirs religieux, qui ont toujours marchés de pair avec les pouvoirs militaires, qui ensont les lieutenants, à cause de leur fragilité, leur point de départ étant plus appréciable, malgré qu'ils se soient donné une commune origine céleste, leur organisation étant toute visible, aucun mystère ne les protège, à l'égal de la théologie religieuse, incompréhensible pour le vulgaire,

Dans cette longue série de siècles de domination, les deux pouvoirs parasites n'ont pas fait exception à la force brutale, qui pousse les animaux pour la satisfaction de leurs besoins, ils ont, au contraire, empiré dans le mal, selon l'étendue de leur intelligence ; aucune lueur de raison n'est venue s'interposer entre les vainqueurs et les vaincus ; ils ont érigé le mal en droit, et la force qui a servi à forger les chaînes pourra seule les briser.

Les révolutionnaires ont bien le courage qui gagne les batailles, mais ils n'ont pas les idées qui changent les conditions des peuples ; ils discutent sur des droits qui n'en sont pas ; la part que le vainqueur s'attribue après la victoire, disparait lorsqu'il est vaincu à son tour ; la force prend et perd sans que le droit intervienne dans la lutte.

Une nation asservie, qui brise les liens qui l'attache à ses maîtres, sans revendiquer en même temps la possession de son sol, ne fait que changer la forme de sa servitude et les grands mots inscrits dans les constitutions ne changent rien sur la marche des choses ; la conquête reprend son œuvre interrompue et arrive, par des moyens modifiés, au même but ; si l'on veut que les corps parasites ne se reproduisent à nouveau, il faut les détruire et modifier le milieu qui les produisait.

Les révolutionnaires ont donc manqué d'idées et de vertus ; chaque fois qu'ils ont été maître de la situation, ambitieux vulgaires, ils étaient battus d'avance ; ils ont, par leur incapacité, servi la cause de leurs adversaires qui ont pris, pour orner leur drapeau, leur étiquette menteuse, qui devait tout changer et qui n'a fait que des dupes et des victimes.

Le point de départ révolutionnaire étant fait et superficiel, parce qu'il ne change rien à l'ordre établi, tout tentative ne devait aboutir qu'à un avortement, à la déconsidération de ses auteurs et au découragement de ceux qui espéraient en eux.

Un peuple qui brise le lien du servage devient libre de ses actions, par conséquent de satisfaire ses penchants qui sont les mêmes que ceux des classes fortunées qui lui servent d'exemple, mais pour cela il n'a que le salaire de son travail. Comme il est obligé de travailler en raison de ses besoins, c'est par ses côtés faibles qu'il subit une nouvelle servitude que l'on décore du nom de liberté, parce qu'elle diffère de celle qui l'a précédée.

Cet assemblage d'êtres sans liens entre eux, s'exploitant par ordre de puissance, comme le font les habitants des forêts ou de l'Océan; les plus forts faisant des lois pour légitimer leurs actes et punir les faibles qui veulent les imiter, et l'œuvre immobile que le passé nous a léguée, avec les préjugés les plus grossiers, fruit de l'ignorance qui a donné naissance aux corps parasites qui vivent aux dépens du travail humain. Ces corps parasites, sans cesse menacés dans leur existence par le progrès intelligent, enveloppent les hommes dans un réseau d'embûches, les suivant pas à pas, de la naissance à la tombe, leur cachant la vérité qui pourrait les guider, pour leur montrer le mensonge qui les asservit à leur volonté, en les rendant à l'état d'instrument.

Les idées fausses ne peuvent produire le bien ; il ressort que les corps dominants, qui enseignent et règlent la morale, sont précisément les plus immoraux, parce qu'ils sont obligés de mentir continuellement pour tromper ceux qu'ils exploitent en leur montrant des dangers imaginaires et des récompenses fictives en échange de l'argent qu'ils perçoivent, et en érigeant des actions criminelles en vertus, parce qu'elles s'accomplissent à leur profit,

C'est par l'appât des richesses que les corps parasites séduisent les imaginations des enfants, en leur montrant les quelques individualités qui sont parvenues aux grandes dignités en partant de bien bas, ce qui prouve le règne de l'égalité ; comme si, dans tous les temps, il n'y avait pas eu des parvenus et comme si les populations n'étaient pas la pépinière de tous les degrés.

En effet, qu'un esclave devienne roi, qu'un berger devienne dignitaire, la différence avec ceux de l'ancien régime n'est que dans la date de leur élévation, la charge sociale est la même : l'esclave et le berger, une fois parvenus, n'en seront pas moins les ennemis du peuple qui les a produits, parce qu'ils sont une charge parasite qui opprime et prend le plus possible au nom de la force.

Si l'on réfléchit bien sur toutes les anomalies, que l'on remonte aux causes, on finit par comprendre qu'elles sont une conséquence logique de la position des individus et de la division de leurs intérêts qui les rend ennemis les uns des autres.

Ainsi, une nation qui nomme un souverain ou autre gouvernement, qui lui fournit une armée nombreuse et de l'argent, se donne un maître semblable à un étranger qui viendrait s'emparer d'elle avec une armée étrangère : les conséquences sont les mêmes, elles ne peuvent varier que selon l'appétit des hommes dominants. C'est en commettant cette faute que les peuples se sont asservis en voulant en asservir d'autres, parce que la force une fois établie a besoin de vivre ; amis ou ennemis, il faut lui suffire, quelles que soient les conventions écrites ; celui ou ceux qui dirigent les forces agiront toujours dans leurs intérêts.

Les raisons ci-dessus nous expliquent pourquoi les gouvernements qui se succèdent violent les constitutions faites à leurs débuts, parce que les intérêts étant opposés, le pouvoir cherchant toujours à prendre davantage, et le peuple cherchant à se défendre, il y a lutte continue ; comme le pouvoir s'entoure de gens qui ont part dans ses intérêts, ils modifient et font des lois en leur faveur, qu'ils imposent avec les forces dont ils disposent, et traitent en rebelles ceux qui leur font opposition.

Ces guerres intestines entre les pouvoirs et les peuples, sont la conséquence de la position qu'ils se sont faite ; le pouvoir se sert des enfants du peuple contre le peuple, pour se grandir à son détriment, en puissance ou en fortune ; le peuple désarmé est obligé de subir la loi du plus fort jusqu'à ce qu'il se présente une circonstance qui lui permette de renverser le pouvoir qui l'opprime ; mais, comme il n'a pas eu la faculté de se concerter et de s'instruire, il retombe toujours dans la même position, parce qu'il reconstruit sur le même modèle, se contentant de changer le nom de son œuvre.

Quel nom que l'on donne à une force organisée au milieu d'un peuple, elle n'en sera pas moins son ennemie, et plus cette force sera puissante, plus les abus grandiront sous sa protection, parce que le public qui en est victime, n'a pas même le droit de se plaindre, ceux qui font le mal ne veulent pas être des malfaiteurs, ils le lui impose comme un bien en se donnant des titres de vertu.

Pour remédier à tous les maux qui se multiplient à l'infini, il est nécessaire de constituer la raison sur une base immuable, qui servira de diapason aux individus pour juger les choses afin d'établir l'harmonie des intérêts et du travail, les hommes finiront par comprendre que la sécurité individuelle est le résultat de l'harmonie des forces et le bien-être de l'harmonie du travail.

Mais pour que les hommes soient aptes à recevoir les idées qui constituent la raison et la justice, il faut qu'ils se débarrassent des préjugés et des fictions que le passé leur a enseignés afin de les rendre rebelles à la vérité, et comme la vérité est basée sur la nature, il est de toute nécessité d'apprendre à connaître la nature et les lois, pour la voir distinguer la vérité du mensonge.

LES
LOIS DE LA NATURE
ET
LES LOIS SOCIALES.

───◆●◆───

LA MATIÈRE

La matière est éternelle, elle ne peut avoir de commencement comme elle ne peut avoir de fin ; elle renferme en elle le mouvement qui est la vie, pour accomplir les transformations qui se succèdent sans interruption ; imitant le parcours d'un cercle moitié synthèse et moitié analyse ; composition et décomposition des formes et des êtres.

Pour exprimer l'idée qui ressort du double phénomène de la vie et de la mort par rapport à nous ; de la composition et de la décomposition des formes, j'appellerai le mouvement qui combine : constituant ou loi active, et celui qui décompose : dissolvant ou loi passive.

Ces deux lois opposées constituent la vie générale par leur succession, comme le jour et la nuit

2

constituent la durée des temps, l'activité et le repos des êtres ; les saisons, pour les planètes, sont des effets qui varient à notre point de vue, parce que les hommes, jusqu'à ce jour, n'ont vu la vitalité que dans les formes et mouvements apparents, sans se douter que tous les corps de la nature vivent de la même vie ; que leurs combinaisons et leurs formes seules varient ; que la durée de leur formation, de leur existence et de leur décomposition ne changent rien aux lois naturelles : combinaison de la forme, sa durée et sa décomposition, ou combustion plus ou moins rapide, selon la nature des corps qui constituent la forme.

La matière qui remplit l'immensité dans toutes ses parties, n'apparaît sensible à l'homme que sous trois états : gazeux, liquide et solide ; l'état qui précède les gaz perceptibles par ses effets, est nommé impondérable, parce que sa division échappe à nos moyens. Comme l'immensité, nous pouvons bien nous rendre compte du volume d'une planète, mais nous ne pouvons apprécier l'extrême division qui résulte de la combustion solaire qui est le principe de la vie générale.

La matière, à l'état moléculaire, renferme comme principe de vie toutes les propriétés qui se retrouvent dans les êtres à combinaisons multiples, et rien ne peut attenter à sa vitalité, parce que la combustion est son point de départ et qu'elle est insaisissable. Ce qui constitue la vie éternelle ne peut être sujet à mourir.

La matière à l'état moléculaire et gazeux remplit l'espace, comme l'eau remplit l'Océan ; les molécules simples sont de deux sexes, comme tous les corps composés qui en dérivent, de l'union de deux molécules mâles et femelles qui est la combinaison chimique et l'agrégation de molécules ou combinaison semblables, naissent tous les corps ou formes diverses qui existent dans la nature. C'est la loi active qui constitue les formes et mouvements, puisque le mouvement est l'effet de cette loi que nous nommons vie.

La vie générale de la nature étant la combustion solaire, ce principe se continue à tous les corps pourvus d'un foyer proportionnel à leur nature et à leur volume, que chaque être est obligé d'alimenter pour ne pas périr.

Ce foyer est double dans le soleil : celui extérieur, alimenté par la chute continuelle des planètes, qui retombent dans leur centre de formation, comme les êtres terrestres rentrant dans la terre lorsque le mouvement les abandonne. Ainsi, quelle que soit la forme sphère ou parasite de sphère, chacun retombe dans son centre de formation, pour y accomplir sa phase passive.

Le mouvement moléculaire ou principe vital produit aussi la lumière et la chaleur qui sont deux effets proportionnels au mouvement qui les produit, c'est-à-dire au nombre de molécules et à la vitesse de leur mouvement, et comme le nombre moléculaire servant à la formation d'un corps, l'effet produit par sa combustion en suit la même règle.

Le mouvement moléculaire, comme toutes les fermentations qui en dérivent, à des milieux différents selon leur nature : général au centre et partiel à distance. Ce sont ces divers milieux que l'on désigne en physique par degrés de chaleur.

Les corps étant solides, liquides ou gazeux, selon le milieu qui les entoure, ils contiennent dans leurs divers états, la quantité qui leur est nécessaires de molécules d'une autre nature plus active, que l'on désigne par le mot calorique, parce que le mouvement est le foyer des corps dits inorganiques, comme la digestion est le foyer des corps organisés.

Les moyens artificiels employés par l'homme pour la transformation des corps, ne sont que l'imitation en petit de ce que fait la nature en grand, et la connaissance de ces moyens peut seule nous faire connaître les autres qui sont restés mystérieux jusqu'à nos jours.

Si l'on veut donner le mouvement liquide ou gazeux à un corps solide, c'est au moyen d'un foyer artificiel; si l'on veut produire l'effet opposé, c'e-t par le contact d'autres corps qui absorbe.it à leur profit une partie des molécules actives, il se produit un milieu moins actif que nous qualifions de froid, ou magnétique, par opposition à l'effet actif électrique. Un autre moyen artificiel employé pour diminuer le mouvement moléculaire des corps, c'est la compression ; un gaz comprimé devient liquide ou solide, ses molécules se condensent et celles plus actives qui étaient nécessaires à son état gazeux s'échappent par les pores du tube compresseur ; aussitôt que là compression cesse, le corps reprend son état naturel conforme au milieu qui l'entoure. Comme une éponge pressée reprend sa forme dans l'eau ; ces effets ont été nommé élasticité.

Cette opération nous montre l'inviolabilité de la vie moléculaire, celles qui sont impondérables sont inattaquables, celles qui se condensent arrivées à l'état solide résistent à toutes pressions, et quel que soit le moyen employé pour les diviser on n'arrive qu'à séparer des agrégations, les molécules échappent à tous nos moyens.

Les transformations physiques et chimiques de la matière sont les effets de la vitalité qui ont pour conséquence d'autres effets qu'on appellent forces, que les hommes imitent en petit pour leur usage sous les noms de vapeur, poudre explosible et électricité, soit dilatation et condensation, décomposition et combinaison, qui sont le mouvement de la matière dans toutes ses transformations.

Lorsque un corps diminue de volume ou passe de l'état liquide à l'état solide, les molécules plus actives, qui étaient nécessaires à son premier état, l'abandonnent et augmentent le mouvement atmosphérique qui l'entoure, produisent l'effet électrique appelé chaleur ; si, au contraire, le corps augmente de volume, ou passe de l'état solide à l'état liquide, il se produit dans l'atmosphère un vide de tous les molécules qui sont nécessaires à son nouvel état, ce qui diminue le mouvement et produit l'effet magnétique appelé froid, jusqu'à ce que l'équilibre soit rétabli.

Tous les corps, quel que soit leur état ou leur forme, sont donc des composés de molécules de diverses combinaisons à vitalités différentes, les plus actives animant celles qui le sont moins, ainsi que cela a lieu parmi les animaux, qui transportent les matériaux qui leur sont utiles. Vie, mouvement, intelligence et perception chez les corps organisés, sont le résultat des mouvements de ces mêmes molécules.

L'homme, qui est la combinaison la plus compliquée des formes naturelles, est aussi celle qui imite le mieux le travail naturel, en façonnant la matière pour son usage, et, lorsque les formes utiles sont usées, il transforme les matériaux pour les utiliser à nouveau.

L'intelligence de l'homme, augmentée de l'exemple de la succession des faits, n'arrive qu'à imiter les mouvements de la nature, en suivant le même ordre. C'est ainsi que les arts, qui confectionnent les formes, ont précédés les sciences qui leur donnent le mouvement.

La forme terrestre renferme dans sa constitution tous les éléments nécessaires aux formes parasites, qui naissent à sa surface de la combinaison terrestre basique ou femelle avec les éléments atmosphériques solaires fécondants ou mâles. Ce principe de transformation appelé affinité en chimie, et amour entre les animaux, existe entre tous les corps, à quelle combinaison qu'ils appartiennent, quelle que soit leur forme et leur volume. Les sexes sont une loi de la vitalité de la matière, principe existant dans les molécules qui se continue dans toutes les formes.

En suivant cette loi de la nature dans toutes les combinaisons, nous la voyons toujours semblable, des molécules aux planètes.

Dans la famille planétaire, le soleil qui est la forme la plus puissante, comme centre du mouvement et de transformation, en est aussi le corps mâle ou fécondant, et les satellites des planètes sont neutres.

Dans les corps élémentaires dits simples, mâles et femelles entre eux, le mâle le plus puissant est celui dont le mouvement se rapproche le plus du mouvement solaire, c'est-à-dire le gaz qui s'éloigne le plus de l'état solide qui a été nommé oxygène est comburant, parce qu'il détermine le mouvement moléculaires combustible en s'unissant aux autres corps simples.

Les composés binaires sont électriques ou magnétiques, soit mâles ou femelles, suivant la prédominance de leurs divers corps unis ; il est femelle lorsqu'il est composé de deux équivalents femelle et d'un équivalent mâle neutre, lorsque les équivalents sont égaux et mâles, lorsqu'il y a un équivalent femelle et deux ou plusieurs équivalents mâles.

La combustion des corps est l'effet du mouvement des molécules qui s'unifient ou se séparent. La lutte entre elles est telle que nous la voyons entre les animaux, les forts chassent les faibles, les combinaisons qui en résultent sont mâles neutres ou femelles désignés par les mots acides pour les mâles, oxides pour les neutres, sous-oxides et alcalis pour les femelles.

Nous voyons que les deux extrémités de la série des corps élémentaires qui sont mâles et femelles invariables, qui par leur union constitueront le cercle matériel, nous indiquent par cette union

que la combustion fait et défait les formes, et lorsque cette union a lieu dans un liquide, elle nous
indique aussi que le mouvement des sphères et de
toutes les formes, sont le résultat de la combustion.

Les autres corps élémentaires, qui sont mâles
et femelles, selon leur ordre de combustibilité,
seront tous abandonnés par ceux qui sont mâles
puissants, lorsqu'ils auront à choisir entre eux et
ceux qui sont femelles ou bases fixes. Cette loi se
continue dans toutes les combinaisons qui ont lieu
par ordre de fixité.

Les molécules agissent comme les animaux, elles
possèdent les mêmes sens pour se reconnaître, se
combiner et s'agréger, la combinaison chimique
se continue chez les êtres, par le rapprochement
des sexes et l'agrégation p r le groupement des
espèces.

Les molécules agissent aussi avec intelligence
comme les êtres. Cela se voit en suivant les mouvements de celles de même nature ; dans le fer
laminé, elles sont groupées en un tissu égal ; dans
le même fer aciéré la trame s'est renforcée au
dépend de la chaîne ayant la forme pyramidale,
la base au centre entourée de carbure comme
corps protecteur.

Le mouvement moléculaire des corps se reconnaît à la sensation que nous éprouvons lorsqu'une

partie de notre corps se trouve en contact avec l'un d'eux et de la décomposition qui en résulte, qui est proportionnelle aux deux mouvements électrique et magnétique qui s'unissent avec les éléments contraires des corps organiques, les corps neutres sont inoffensifs, tant qu'ils ne sont pas modifiés.

Le mouvement moléculaire des corps se mesure avec divers instruments : le plus usité est le thermomètre qui suffit à toute l'étendue de la vie végétale et animale, qui disparait à égale distance du milieu, soit du côté électrique, soit du côté du magnétique.

DES FORMES ACTIVES

Nous nommons formes actives, tous les corps qui ont un mouvement propre, qui est le signe de la vie : tout ce qui constitue la minéralogie désigné sous le nom de corps, ne sont que des éléments constitutifs de la forme terrestre au même titre qu'un atome d'ongle et de chair pour la forme animale ; en niant la vie générale par la non activité de ses fragments, les hommes sont restés dans une impasse intellectuelle, qui les a obligés d'imaginer toute sorte de théories, qui n'ont servies qu'à les éloigner de la vérité ; parasites de la terre ils se regardaient comme les maîtres à cause des égratignures qu'ils lui font, et ne réfléchissaient pas que cette terre qui les a produit, les absorbe également et que leur nature ne leur permet pas de pénétrer dans les régions centrales de la forme terrestre, asile sacré de la vitalité.

Les insectes parasites des animaux ne s'aperçoivent probablement pas plus du mouvement du corps qui les nourrit, que les hommes ne s'apperçoivent du mouvement de la terre ; il a fallu à l'homme des centaines de siècles, l'assistance de l'expérience comparative des mouvements mécaniques artificiels pour comprendre un phénomène qui se produit d'une manière toute opposée à la perception des sens.

Il en est de même pour tous les mouvements de la vie : l'homme, extrême combinaison de la nature, s'est imaginé qu'il était le centre de la vie, comme si l'on pouvait séparer la vie du fruit de celle de l'arbre qui l'a produit.

L'homme, pour remédier à l'impuissance de ses idées, a imaginé la vie en partie double, pour lui seulement, moitié réelle, moitié fictive, des êtres actifs, pour animer la réalité ; des mondes fictifs dans des lieux fictifs, pour succéder à la réalité ; la folie poétique à la place de la raison ; l'ignorance à la place de la science, tel est le bilan

moral actuel des peuples, malgré les connaissances acquises.

Pour nous conduire à travers ce dédale d'erreurs, nous n'avons qu'à suivre la nature dans
ses mouvements de transformation, qui ont
tous la même simplicité invariable, elle part
toujours de la molécule, n'importe la combinaison,
pour arriver à la construction des formes, à quelque genre qu'elles appartiennent ; parce que la
nature moléculaire renferme en principe tout ce
qui constitue les êtres au moral comme au physique, la culture n'étant qu'un perfectionnement
relatif.

L'union et le groupement ou agrégation des
molécules de même nature est toujours semblable
comme cela a lieu chez les animaux, et lorsqu'une
forme étrangère les oblige à modifier leurs formes
naturelles, elles se constituent toujours pour la défense de cette forme en s'entourant d'un corps plus
résistant que le leur, comme le font les hommes
et les animaux.

Les formes de première combinaison ou
corps célestes sont des sphères dont le volume
varie ainsi que l'étendue de leur parcours ; les
sphères comme tous les autres corps sont mâles,
femelles ou neutres. Les soleils, qui ont le
mouvement combustible, sont fécondants ou mâles;
les planètes sont femelles ou basiques ; les satell.tes
neutres, leur mouvement étant insuffisant.

Les sphères solaires, par leur mouvement rotatoire, déterminent dans l'espace un mouvement
moléculaire semblable, dont l'étendue est proportionnelle à leur volume ; cette étendue constitue la
zone solaire qui entraîne dans son mouvement
les autres sphères moins puissantes qui s'y trouve
à l'état basique ou femelle. Cet effet se produit
lorsqu'on fait mouvoir un corps solide dans un
liquide.

Chaque sphère femelle, par son mouvement
rotatoire, se forme une zone dans la zone
solaire, et entraîne dans son mouvement ses satellites, comme le soleil entraîne ses planètes ; ce sont
ces zones gazeuses s'appuyant les unes aux autres
qui maintiennent les sphères solides qui entourent
les noyaux ou axes à ces distances régulières
sans frottement possible, qui constitue l'harmonie
des mouvements sphériques.

Nous voyons dans les astres la même loi que
nous avons observée dans les corps élémentaires ;
les sphères à mouvement combustible fécondent
celles à mouvement moins puissant et les satellites
qui n'ont qu'un mouvement sont neutres.

Les planètes ne sont lumineuses que pendant la
période de leur formation, ce qui a lieu pour tous
les corps ; le mouvement moléculaire en combinaison est toujours supérieur au mouvement
vital.

Le mouvement des planètes comme celui des animaux est double ; celui de translation, irrégulier dans leur enfance sous forme de comète est la rotatoire qui s'établit lorsque la coque extérieure est assez résistante pour qu'il se forme des cheminées aspirantes et évacuantes, nommées volcans, qui sont pour les sphères les organes de la respiration ; la vitesse du mouvement rotatoire est proportionnelle au nombre de ces organes, et la durée de l'existence planétaire est proportionnelle à la quantité de matières renfermées dans la coque que le mouvement combustible rejette à la surface ; l'extinction de ce foyer a pour résultat la mort ou chute de la planète à la surface solaire qui est son centre de formation pour y être gazéfié, pour alimenter celles en formation et alimenter et féconder celles dont la forme est accomplie et les formes parasites de leurs surfaces.

Le mouvement de translation des planètes forme les saisons qui varient avec l'âge, et le mouvement rotatoire les jours qui varient du centre aux extrémités par l'effet de deux inclinaisons de l'axe dont la durée constitue l'année pour la terre : cette durée varie dans chaque planète comme leurs distances du soleil.

Pour comprendre le mouvement des corps lumineux que nous voyons dans l'espace, nous ne pouvons nous guider qu'en observant ceux qui composent la famille de notre soleil qui ressemblent à toutes les autres familles qui échappent à nos moyens ; nous avons besoin pour un examen aussi profond, de nous défaire des préjugés de notre première instruction, de nous défier de nos sens en nous appuyant sur les principes confirmés par l'expérience ; placée à ce point de vue, la nature nous montre sa splendeur et ses mystères.

Nous voyons pendant le jour, que le mouvement moléculaire qui part du soleil constitue la lumière et la chaleur. Ce mouvement augmente par la réflexion de l'atmosphere terrestre, limite notre puissance visuelle et dérobe à nos sens les mouvements secondaires visibles pendant les nuits sans nuages et sans lune.

Lorsque le soleil a disparu de l'horizon nous sommes dans un milieu obscur qui est le centre de l'ombre terrestre dont les côtés sont beaucoup plus sombres que le sommet, à cause des vapeurs atmosphériques, ce qui constitue un tube à lunette qui a pour objectif l'atmosphère supérieure dans la direction du sommet du cône.

D'autre part, les rayons solaires qui forment la pénombre du cône, produisent par leur réflexion sur les nombreux corps qui se trouvent dans cette direction les mêmes effets qu'un rayon qui passe dans une chambre obscure sur les corpuscules de poussière.

Le rayon de lumière qui pénètre dans une chambre obscure en nous montrant les atomes de poussière brillants comme des astres, nous révèle également que la transparence atmosphérique est diminuée par le même effet et qu'elle se rétablit par le plus ou moins de lumière.

Une nuit sans nuage et sans lune est donc la lumière qui nous permet l'étude du mouvement des astres, parce que nous avons des comparaisons qui sont invisibles pendant le jour, nous savons que les étoiles, à cause de leur éloignement sont immobiles pour nous, que l'illusion de nos sens provient de notre mouvement propre ; prenons l'étoile polaire pour axe central et le groupe d'étoiles de la grande ourse pour rayon immobile, fixons un tube, une lunette ou une règle qui forme une ligne droite avec une des étoiles du groupe, nous verrons que dans vingt-quatre heures la terre aura fait un tour sur elle-même en avançant d'un degré sur le parcours de son cercle annuel.

Prenons notre place d'observation au milieu du cours d'ombre ; regardons horizontalement, nous n'apercevons que quelques rares étoiles de première grandeur ; en dirigeant nos regards verticalement, la quantité devient innombrable. Cette différence dans les astres n'est pas plus réelle que celle produite par le rayon de lumière dans la chambre obscure, avec les autres parties de la chambre ; la différence n'existe que dans nos moyens de perception qui varient selon les effets de lumière.

Nous voyons dans la profondeur du cône que les étoiles paraissent se toucher. De nombreux groupes projettent la quantité de lumière pour rendre opaline la couche supérieure de l'atmosphère, d'autres en projettent trop, et d'autres pas assez. Ce qui fait que notre objectif atmosphérique est en partie nébuleux, effet qui disparaît lorsque la réflection lunaire a lieu dans notre milieu visuel, ce qui nous empêche aussi de voir les nébuleuses réelles qui sont des groupes de planètes en formation, entourées de matières moins condensées qui sont leurs limbes.

Pour comprendre la formation de nébuleuses fictives dans une région plus éloignée de la terre que les nuages, il faut se rendre compte que l'eau à l'état de vapeur s'élève dans toute l'étendue de la zone terrestre en diminuant de quantité à mesure qu'elle s'éloigne de la terre, et qu'elle augmente de quantité en raison de la position perpendiculaire du soleil ; ce qui fait que les astres paraissent plus volumineux vus des régions équatoriales; et que les nébuleuses nous paraissent plus opaques en été qu'en hiver. L'atmosphère terrestre forme une vaste sphère vitreuse au milieu de laquelle tourne la terre qui en est l'axe. La cîme du cône de

3

l'ombre terrestre qui se projette dans l'espace, décrit un immense cercle qui est pour nous le sommet du ciel, parce que c'est en regardant dans cette direction que nous voyons une infinité de corps invisibles ailleurs.

Continuons notre examen les yeux dirigés vers le sommet céleste, nous verrons un grand nombre de corps lumineux qui tombent ; ils tournent autour de l'atmosphère terrestre comme des pois qui tomberaient sur un globe de verre et vont se gazéfier à la surface solaire pour alimenter son foyer fécondant et nous montrer pourquoi il ne s'éteint pas, et que les sphères vivent de sphères comme les végétaux et les animaux qu'elles produisent vivent les uns des autres. Tous les corps subissent la loi de transformation perpétuelle.

Le monde planétaire est soumis aux mêmes lois que les végétaux et les animaux, avec une différence de longévité bien plus grande, puisque de ce nombre infini de planètes en formation il en est si peu qui arrivent en même temps à l'âge de fécondité et qu'un si grand nombre meurent à l'état d'enfance pour alimenter les autres.

Les mouvements physiques des corps étant le résultat des combinaisons chimiques de la nature, ils sont le résumé de la vie générale dans toutes les transformations. Il est impossible de séparer les deux termes, de définir l'un sans parler de l'autre, c'est donc avec le concours des deux que nous allons continuer notre sujet sur les mouvements.

Nous voyons dans le mouvement de la terre que tout se concorde, planète et zone se meuvent dans le même sens ; tous les fragments, tous mouvements, qui sont éloignés de la surface, n'importe par quel moyen, suivent le mouvement et retombent, par leur propre poids, au centre du mouvement général. Les mouvements opposés qui se produisent dans l'atmosphère par des modifications physiques sont l'effet de la vitalité de ces corps, qui se produit dans le courant moléculaire, comme celle des poissons dans l'eau.

Le mouvement naturel de déplacement des corps est proportionnnel à leur densité ou à la résistance de déplacement du corps sur lequel ou dans lequel ils se meuvent et de la vitessse de leurs mouvements pour vaincre la résistance. Les animaux terrestres peuvent se mouvoir à volonté tant qu'ils parcourent une surface solide qui résiste à leur poids ; les poissons sont organisés pour un déplacement plus rapide, et les oiseaux encore davantage, à cause de la moindre résistance du milieu dans lequel ils se meuvent.

Un oiseau mort lancé horizontalement par une force artificielle prendra la ligne verticale ayant encore une vitesse supérieure à son vol naturel.

Sa densité ayant augmentée de la différence de la résistance acquise par son mouvement vital. Cela est sensible chez tous les animaux. La pesanteur opposante des corps n'est que l'excédant de leur poids sur celui de l'élément qui les entouré à volume égal ; ainsi un corps solide à densité égale de l'eau reste en équilibre dans le liquide, son déplacement ne demande que l'effort pour déplacer l'eau qui l'entoure, et l'effort sera d'autant moindre que le déplacement sera plus lent ; le moindre poids ajouté ou sorti le fait mouvoir en sens opposé.

Ce que nous venons de dire pour l'eau s'applique à tous les fluides qui se déplacent aussi entre eux.

Tous les fluides varient de densité en variant de température ; la chaleur, en augmentant leur vitalité, détermine leur augmentation de volume, qui les rend plus légers, différence qui correspond à celle qui existe, quoique moindre, entre l'animal vivant et l'animal mort.

La vitalité de la matière varie ses mouvements comme ses formes ; le plus apparent de ces mouvements physiques, c'est celui de l'eau qui varie d'activité selon les milieux, mais ne s'arrête jamais d'une manière absolue.

L'eau, en effet, née de l'union chimique de deux gaz, parcours mieux que tous les autres corps élé-

mentaires ces trois phases, sans modifier sa nature, la molécule de vapeur s'élève dans l'espace
à une grande distance, tant que le milieu lui est
propice. Lorsque la chaleur diminue, elle s'unit à
d'autres pour former la sphéroïde. Les sphéroïdes
se groupent pour former les nuages. Lorsque le
poids d'un nuage dépasse la résistance de l'atmosphère, l'excédant tombe à terre en pluie ; ce qui
est la mort de la sphéroïde pour recommencer sa
naissance à l'état de vapeurs. Les navigateurs en
péril agissent de la même manière.

Lorsque les sphéroïdes traversent un milieu atmosphérique dont le mouvement est inférieur à leur
état liquide, elles se congèlent en formant des
flocons de neige. Lorsque ces flocons se trouvent
enfermés entre deux nuages, ils sont roulés et
durcis par le frottement et tombent à l'état de
grêle.

Un autre phénomène, plus apparent que sensible, c'est celui occasionné par le passage de la
lune à travers la zone terrestre : le déplacement
moléculaire qui en résulte par la grosseur de ce
corps, n'est appréciable que par le déplacement
de la surface de l'eau des océans, qui est rejetté
vers les rives pour retourner à son équilibre
lorsque la pression cesse, ce qui constitue un
mouvement de va-et-vient régulier, appelée
marée.

Ce phénomène est plus puissant lorsque le passage du soleil coïncide avec celui de la lune, par la
dilatation de l'eau qui se déploie en plus grande
quantité.

DES RELATIONS ENTRE LES CORPS

La forme terrestre, comme les autres sphères,
a commencé par le mouvement combustible, qui
est son centre vital. L'enveloppe, ou coque, est
constituée de combinaisons diverses, superposées
en couches ondulées ayant subies des combustions
partielles, selon leur nature. En un mot, le corps
terrestre a commencé et grossi comme tous les
autres corps et continue de grossir sur toute sa
surface active, ce qui explique l'applatissement
des pôles.

Ce grossissement continu d'un corps qui paraît
isolé dans l'espace ; que les hommes dans leur
aveuglement appellent inerte, avec autant de raison que les poux qui vivent sur eux pourraient le
leur dire, c'est en effet un phénomène qui ne
pouvait être compris qu'à la suite des sciences
expérimentales qui en ont établi l'analyse.

Les lois de la nature sont tellement simples, qu'il

suffit : de les comprendre dans leurs moindres effets pour les suivre dans les plus vastes.

En examinant la vie générale, nous voyons que les végétaux vivent de minéraux, de végétaux et d'animaux, et que les animaux, à leur tour, vivent des mêmes éléments ; c'est la même transformation qui s'accomplit ayant pour agent les formes végétales et animales, et, pour réservoir, le corps terrestre.

En examinant ce qui se passe parmi les astres, nous reconnaissons qu'eux aussi sont agents de la transformation successive de la matière, qu'ils se conduisent de la même manière, sauf la différence de forme.

Nous l'avons déjà dit : les sphères absorbent des sphères pour vivre et grossir, et comme les sphères femelles n'ont pas le mouvement assez puissant pour la décomposition combustible, à leur surface, c'est la sphère mâle, ou soleil, qui remplit cette mission, en décomposant toutes celles qui meurent, et tombent à sa surface pour y être réduites par la combustion à l'état moléculaire qui se répand dans l'espace, y produisant la lumière et la vie.

Les molécules qui partent du centre solaire sont toujours mâles par rapport à celles qui appartiennent aux sphères femelles, qui leur servent de base dans toutes les combinaisons. Ce qui fait que les planètes grossissent, comme toutes les formes qui naissent à leur surface, en absorbant les éléments qui leur viennent jusqu'à la fin de leur existence.

Ce sont les courants électriques, interceptés par des nuages, qui constituent la foudre, lorsqu'il y a des jets d'échappement à travers le corps résistant.

Nous voyons que la marche croissante des planètes est conforme à celle des animaux. La vie extérieure, qui commence aux deux pôles longtemps avant celle des autres latitudes, y a cessé aussi longtemps avant, ce qui fait que la partie demeurée féconde continue seule à grossir.

DES FORMES SECONDAIRES

Les végétaux sont à la terre ce que le poil est aux animaux, les plumes aux oiseaux, les écailles aux poissons ; tous les êtres suivent la même loi dans l'accomplissement de leurs formes, et chaque espèce a ses parasites qui naissent et vivent à sa surface.

Lorsque la forme terrestre a été achevée, elle était nue dans toutes ses parties ; les combinaisons reproductives n'existaient pas, son mouvement s'étant ralenti pour permettre la condensation de l'eau, élément indispensable qui a donné naissance à tous les composés nécessaires à la production végétale primitive qui, par ses combustions spontanées, a formé les couches carbonifères et les composés nécessaires à la formation animale primitive, a ajouté les éléments nécessaires pour donner naissance à des formes supérieures.

En parlant de la différence de température qui existe sur la terre, quoique moins fixe, il est facile de se rendre compte que la production terrestre n'a pas été simultanée dans toutes les parties de surface, puisque la température était, vers les pôles, au-dessous de 80 0/0 qu'elle était encore au-dessus de 100 0/0 sous les latitudes moyennes, et de 120 0/0 au centre, températures qui ne permettent aucune formation végétale.

L'uniformité de température qui résultait du mouvement plus rapide de la terre, était nécessaire pour former des êtres qui demandent plusieurs années de travail sans interruption. En prenant pour point de comparaison les habitants de la zone équatoriale, nous voyons que la durée de la formation est de dix ans environ en partant du jour de la fécondation de l'ovaire de la mère jusqu'au jour où la fille est propre à être fécondée, en ajoutant le temps nécessaire pour que l'enfant puisse vivre sans assistance ; il faut bien que tout ce qui était nécessaire se soit formé en même temps pour lui tenir lieu de la mère de nos jours, ce qui est la règle des formations parasites.

Nous voyons que, quelque soit la promptitude de formation de l'ovaire humain primitif, sa durée ajoutée à celle de la formation de l'être et la durée de son état d'enfance, elle ne pourrait se produire avec des saisons variables.

En examinant la charpente des animaux primitifs, on voit que tout était gigantesque, au milieu de cette atmosphère toujours chaude, sur une terre humide à végétation puissante. La majeure partie de la terre couverte d'eau, les courants n'ayant pas encore eu le temps de se produire, les végétaux morts et vivants amoncelés subissant des combustions incomplètes qui ont permis aux résidus de se minéraliser et de conserver en partie leur forme naturelle.

La transformation végétale par la combustion, qui modifie les éléments, a lieu de nos jours comme autrefois, dans le même ordre ; la dégénération dans le présent nous explique celle qui avait lieu dans le passé.

Les végétaux fixés à la terre périssaient, lorsque leur milieu de formation, par les modifications qui se produisaient, cessait d'être en rapport avec leur existence.

Il n'en est pas de même pour les animaux ; les poissons seuls subissaient la loi des plantes ; les autres, pourvus de membres locomoteurs, changeaient de milieu à chaque modification, dans l'intérêt de leur existence, comme cela a lieu actuellement.

Les modifications qui avaient lieu dans les végétaux et les animaux étaient la conséquence de celles qui s'accomplissaient à la surface de la terre de la manière suivante :

Les concavités terrestres, transformées en lacs par la condensation de l'eau qui augmentait constamment en volume, se déversait pardessus les bords les moins élevés des bassins qui la contenait, creusaient des tranchées qui finissaient par être de niveau avec le fond des bassins qui, . desséchés, produisaient des plantes de terre sèche au lieu de plantes et d'animaux aquatiques. Les transformations par bouleversements ou irruptions volcaniques, produisaient des transformations plus tranchées, les animaux ne pouvant se soustraire à leur destruction.

Ce sont les combinaisons élémentaires formées par ces détritus primitifs, qui ont constitués les animaux aquatiques et herbivores; ceux-ci ajoutés aux premiers, les fructivores, desquels l'homme fait partie et, après lui, les carnivores.

Si l'on examine la dégénération humaine, on reconnaît qu'elle se produit en sens opposés, comme les causes déterminantes ou bien s'éloignant du

type parfait pour rétrograder et à imiter une forme
antérieure : la grenouille ; et l'autre, se déprécie
pour arriver à une forme postérieure : le singe.

En examinant la série des singes, on arrive au
même résultat. Le singe, de tête, ressemble aux
hommes de race inférieure, et celui de l'extrémité opposée, à une variété du chien.

L'apogée de la formation animale a eu lieu au
milieu de la distance qui sépare les deux points
extrêmes du mouvement ou température vitale,
soit 80 0/0 de chaleur et 20 0/0 de froid qui représentent l'étendue que parcourt l'eau dans son état
liquide de zéro à 100 degrés thermométriques.

Si des animaux peuvent vivre à 35 0/0 au-dessous du mouvement végétal, ils le doivent à leur
foyer naturel qui compense cette différence et à
leur conformité extérieure que l'homme imite par
son industrie.

La température de formation de l'homme a été
de 40 0/0 et au-dessus, comme elle l'est encore aujourd'hui ; les combinaisons produisant toujours
un mouvement supérieur à celui de la forme com-
binée.

A cette température, la terre servait de mère à
tous les êtres qui se produisaient à sa surface.
Les combinaisons qui produisaient l'œuf, produisaient aussi les limbes pour la nourriture de l'être
à sa naissance. Comme tous les parasites la

trouvent, à la surface des corps qui les produisent, la terre vieillie, n'ayant plus que des saisons variables, ne produit plus que des êtres éphémères. Ceux qui vivent une certaine période avec les mêmes éléments qui les ont produits, munis d'organes sexuels pour se transmettre les éléments reproducteurs, se reproduisent avec un désir presque égal à celui de vivre,

En examinant la forme sphérique des planètes, leur éloignement de leur mâle, il est facile de comprendre que la génération parasite est la seule qui produise des espèces différentes de la forme productive, de même que dans les éléments chimiques les corps sont fécondés par le plus puissant. Les végétaux et les animaux mâles et femelles sont fécondés par le soleil pour la production des êtres parasites qui dérivent de toutes formes végétales et animales.

Les races humaines nous montrent leur ordre de formation par leurs couleurs qui imitent celles des minéraux. Les premières formations, aux pôles, au milieu d'une atmosphère plus riche, ont des couleurs plus brillantes que celles des formations successives qui brunissent graduellement à mesure que les éléments terrestres ou fixes dominent dans leurs combinaisons constitutives.

Les êtres de la même espèce, quoique de couleurs diverses, peuvent se reproduire entre eux sans qu'ils puissent s'écarter de la production naturelle, les formes accidentelles résultant de deux espèces, périssent infécondes ; elles représentent les minéraux neutres.

La marche de la nature est invariable. La dégradation existe dans les effets comme dans les formes, sans que les lois en soient modifiées. Les transformations qui ont lieu à notre époque s'accomplissent en petit, comme elles s'acomplissaient en grand à l'époque des grandes formations.

Les marais ont leurs plantes et leurs animaux, les plaines sèches ont les leurs, ainsi que les montagnes. Si l'on modifie ces milieux d'existence, les végétaux et les animaux qui ne sont pas organisés pour changer de lieux, périront, et les mieux organisés chercheront un milieu propice à leur existence.

DU MOUVEMENT DES FORMES

Les formes parasites de la terre dites organiques, se divisent en séries végétales et animales, ayant un point de section aussi peu tranché entre elles que celui qui sépare les minéraux des végétaux.

L'ordre de mouvement est semblable à l'ordre

de formation, et cela est selon la loi naturelle, puisque l'existence des derniers dépend de celle des premiers ; les végétaux fixés au sol ne sont doués que du mouvement vital, ils se nourrissent directement des éléments du sol et atmosphériques qui se trouvent à leur portée à leur point d'attache, par cette raison périssent par le changement de milieux.

Le point de départ de la série animale n'est doué que du mouvement vital comme les végétaux, similitude qui indique l'origine des animaux qui ne pourraient exister sans les combinaisons végétales qui ont servies à leur formation, qui les alimentent soit à l'état végétal, soit animalisés, avec le concours de certains animaux qui indiquent l'origine des formes et des éléments qui se modifient à chaque transformation.

Pour que les formes animales puissent vivre, la nature leur a donné deux mouvements un de vitalité et l'autre de locomotion ; le premier est supérieur à la volonté de l'animal, puisqu'il ne peut s'y soustraire que par la mort, et l'autre facultatif qui lui permet de changer de lieu pour satisfaire ses besoins.

Le mouvement locomoteur de l'animal a pour complément les sens directeurs : la vue, l'ouïe, le toucher et l'odorat.

Pour juger des différences de mouvement par

comparaison, il faut bien se pénétrer que rien n'est immobile dans la nature, que nous appellons immobilité le mouvement de la terre qui n'est pas sensible à nos sens, parce qu'il est le milieu de notre formation, et que tout ce qui a un mouvement vital propre retombe dans le mouvement général à l'extinction de la vitalité.

Tout mouvement de locomotion animale est en excès du mouvement terrestre et seul sensible, il est en rapport avec leurs formes, leur milieu d'existence ou point d'appui.

Si nous examinons la formation végétale et animale, nous voyons qu'elle a lieu dans le même ordre, commençant par la tête, tandis que les mouvements ont lieu dans des positions différentes : les plantes, la tête fixée dans le sol ; les animaux, horizontalement : et les hommes, verticalement, la tête la plus éloignée de la terre, position opposée à celle des plantes qui constitue le demi-cercle de formation qui se complète par la chute passive ou la mort.

DE LA REPRODUCTION DES FORMES

Nous avons dit, en parlant de la formation primitive des formes, qu'elles étaient le résultat d'une combinaison moléculaire active, toujours en mouvement de transformation, mais dans un repos

relatif les unes par rapport aux autres. Ces différences d'activité ont servies de base à un classement méthodique et donné lieu à des dénomina-
tions diverses, afin que la mémoire puisse les
reconnaître selon leurs formes et leurs qualités.

Lorsque nous disons qu'un corps est fixe, cela
signifie qu'il restera dans le même état beaucoup
plus longtemps qu'un autre qui se transforme plus
vite ; le corps terrestre, qui ne subit pas de varia-
tions sensibles pendant la durée de la vie humaine,
n'en a pas moins un mouvement de transformation qui lui est propre.

Nous disons que la terre est un œuf fécondé par
le soleil, qui renferme tous les éléments constitutifs des corps en général, comme la graine renferme en principe ceux des plantes, et les œufs
ceux des animaux. Cette succession de formations
est la chaîne vitale de la matière qui ne peut cesser
de vivre comme elle ne peut cesser d'être.

La loi active ou vie est toujours semblable ; la
diversité n'existe que dans les combinaisons et
les formes qui en résultent; la terre, forme
femelle, a subi les mêmes phases que subissent à
leur tour toutes les formes femelles dont la phase
féconde occupe la durée moyenne de leur existence ; la première phase, qui est l'âge de formation ou enfance; la deuxième, l'âge viril ou fécond ;
la troisième, la vieillesse ou l'âge stérile.

4

Les relations sexuelles des végétaux, à cause de leur fixité, s'effectuent d'une manière qui leur est particulière, nous la décrirons la première.

Les organes des deux sexes sont dans la majorité réunis dans la même fleur, d'autres dans des fleurs séparées sur la même plante, d'autres sur des plantes différentes de la même espèce ; mais, quelle que soit la distance des organes, la fonction a toujours lieu de la même manière.

Les végétaux vivent de la chaleur atmosphérique, chaque milieu a une saison commune qui les animent en même temps ; que les sexes soient réunis ou séparés, leur formation est toujours égale et leurs mouvements prolifiques simultanés. Cette condition est nécessaire pour que la combinaison entre les deux éléments puisse se produire, ainsi que cela a lieu dans les combinaisons chimiques élémentaires.

Lorsque le pollen mâle s'échappe de l'anthère à travers l'étamine, le stigmate femelle sécrète sa liqueur visqueuse dans laquelle vient se fixer le pollen qui, une fois en contact, y détermine un mouvement constituant qui arrive dans l'ovule par le tube du style et s'y continue jusqu'à la formation de la graine.

Les spermules végétales, comme les molécules élémentaires, sont doués d'une perception, comme

les animaux, pour reconnaître leurs espèces,
même à de grandes distances.

La série végétale se comporte dans toutes les
phases comme la série animale; les végétaux éphémères vivent juste le temps nécessaire à la formation de leur graine, et les vivaces se fécondent et
fructifient aussitôt qu'ils atteignent un certain
développement qui est leur âge pubère.

L'acte reproducteur des plantes se compose des
mouvements successifs suivants : mouvement de la
combinaison de la plante ; mouvement dans la
constitution de la plante pour la formation de la
liqueur prolifique qui se réunit dans les organes
sexuels : mouvement, dans ces organes,. pour la
formation des spermules ; départ des spermules
mâles pour s'introduire dans l'organe femelle.
Combinaison des éléments mâles et femelles qui
forment les molécules constituantes qui vont se
fixer dans l'ovule femelle pour en constituer les
principes de combinaisons semblables à ceux des
plantes qui les ont formés pour reproduire les
mêmes formes.

L'acte reproducteur animal diffère du végétal
par la manière dont il s'accomplit, les animaux
ne peuvent se féconder à distance ; doués d'organes spéciaux, ils sont les véhicules du mouvement qui s'établit en eux, qui détermine la sensation la plus puissante que ressentent les êtres après

le sentiment de la faim. Ils sont le diminutif de ceux qui ont lieu entre le soleil et les planètes.

Les deux besoins se secondent par ordre d'importance ; le premier, qui est de vivre ; le second, de se reproduire.

La faculté génératrice, chez les animaux, n'a lieu que lorsqu'ils ont atteint les trois quarts de leur croissance ; il en est de même des plantes herbacées ; les arbrisseaux et les arbres commencent plutôt et la conservent pendant toute leur existence.

Pour que l'acte fécondant produise la combinaison active constituante, il est nécessaire que les deux êtres se trouvent dans les conditions viriles, quoique d'âges différents, et que leur mouvement prolifique soit simultané ; les deux ferments produisent chez les végétaux et les animaux la dilatation de l'organe femelle ; chez les animaux, la tension de l'organe mâle pour pénétrer dans celui de la femelle, afin que les deux fluides se mêlent dans leur centre de production, pour y déterminer un mouvement moléculaire qui se fixe dans l'ovule ou les ovules, suivant les espèces, pour constituer l'ovaire qui se détache par un premier départ, pour prendre racine dans la matrice, comme la graine végétale dans la terre, détermine un mouvement constituant, qui a le fœtus pour base de formation.

Les fonctions génératrices diffèrent chez les animaux ovipares avec celles des vivipares, en ce que l'ovule fécondée devient œuf complet, que la mère dépose, pour que la gestation s'accomplisse par la chaleur atmosphérique ou par une chaleur constante que la mère y maintient en les couvrant de son corps, qui subit un excès de chaleur pour cette fonction ou par une chaleur artificielle analogue.

Examinons maintenant les effets accidentels qui se produisent chez le fœtus humain pendant la gestation, qui sont déterminés par les différentes sensations que la mère éprouve.

La mère en gestation d'enfant qui éprouve le désir de manger une chose et qui ne peut satisfaire à son désir, determine en elle une combinaison semblable à la chose désirée, qui se fixe à la surface du fœtus par la répulsion des autres combinaison ; l'amour d'une personne étrangère peut faire que l'enfant ressemble à la personne aimée.

Les effets occasionnés n'ont d'autres désagréments pour l'enfant que celui qui résulte de taches apparentes, mais il n'en est pas de même des phénomènes qui se produisent par l'effet d'une sensation douloureuse éprouvée à la vue d'une mutilation, une infirmité ou une monstruosité, qui se reproduisant dans le fœtus par la suppression du mouvement constituant qui partait de la partie maternelle similaire à celle qui a causé la sensation ou par la modification moléculaire qui s'est opérée chez la mère par la sensation monstrueuse.

Ces deux phénomènes opposés comme les causes qui les produisent, puisque le désir est un excès d'activité et que la compassion et la douleur sont des effets passifs, le premier produit une combinaison superflue ou parasite et le second en supprime une nécessaire ou la dénature.

Les modifications qui ont lieu dans la formation de l'enfant, en dehors de celles produites par les sensations qu'éprouve la mère, lui viennent d'un vice inhérent chez l'un de ses auteurs, qui subsiste par voie de combinaisons passives ou parasites qui s'alimentent aux dépens des combinaisons actives pendant toute la durée de l'être constitué malade incurable.

~ La forme animale ne prend le mouvement vital que lorsque ses organes peuvent fonctionner, comme elle n'arrive au mouvement locomoteur que lorsque ses membres ont acquis la force nécessaire,

DES FACULTÉS ANIMALES

En examinant la structure des animaux et le cerveau, point de départ de leur formation, et qui est aussi le centre de leurs sensations, la plante nerveuse qui part du bulbe cervical pour se ramifier dans toutes les directions de la forme animale, constitue les conducteurs électriques qui portent le mouvement secondaire dans toutes les parties du corps suivant la direction qui est donnée au mouvement par la pensée qui résulte de la sensation.

Le cerveau retient toutes les impressions que ressent l'individu dans toutes les parties de son corps, qui constituent les sens en général ; les impressions sont agréables ou pénibles, et la somme de ces impressions diverses constitue la mémoire.

Les fonctions qui sont communes à tous les animaux varient suivant leurs formes et leurs attributs, qui sont les instruments du travail intérieur nommé intellectuel, parce qu'il est directeur.

En comparant les animaux supérieurs, nous voyons dans tous un mouvement vital semblable, un foyer de décomposition alimentaire qui fournit la nourriture au corps et alimente le mouvement, mais aucun n'est pourvu comme l'homme de mains pour exécuter, et d'un organe vocal pour varier les sons qui constituent un langage pour désigner toutes choses.

Cette démarcation dans les facultés et les attributs établit celle des intelligences ; l'animal est forcément condamné à rester tel que la nature l'a produit, tandis que l'homme est perfectible par les facultés de transmission qui font que les vivants profitent de l'expérience de ceux qui les ont précédé dans la vie, et imitent dans le progrès un monument en construction, où chaque génération ajoute une pierre.

Ce qui doit nous étonner d'après l'analyse des facultés de l'homme, c'est la lenteur qui existe dans la marche progressive des peuples, pour arriver à l'état de perfectionnement, qui semble leur être dévolu par la nature. En comparant les peuples de l'antiquité à ceux de nos jours, on est frappé de la distance qui nous sépare et du peu de progrès acquis, il semble qu'une nuit de deux mille ans a caché la lumière aux hommes.

Pour nous expliquer la subtilité des sensations animales, il est nécessaire de distinguer les causes qui les produisent et les effets qui en résultent ; pour arriver à ce classement, nous devons revenir sur la nature du milieu animal dans lequel elles se produisent et vivent.

Nous savons qu'au-delà de la division naturelle gazeuse qui constitue l'atmosphère terrestre, il y a la division que nous avons nommée moléculaire ou solaire, qui remplit l'immensité, pénètre et anime tous les corps, soit dans leur phase active, soit dans leur phase passive. Ce mouvement, qui est la vie, ne peut s'arrêter, parce que la nature ne peut mourir.

Le mouvement moléculaire est obscur ou lumineux suivant sa vitesse directe ou réflective, il n'y a que la sphère solaire qui se meut avec assez de vitesse pour produire la lumière et la chaleur; tout ce qui compose la famille de ce corps, gravite autour de lui, parce qu'il est le centre de formation des autres corps qui, une fois leur phase active accomplie, retombent, se décomposent au centre qui les a produit.

Nous pouvons nous rendre compte de ce que l'on appelle vitesse de lumière, puisque l'espace est remplie de molécules, l'impulsion donnée dans un point se prolonge instantanément dans toutes les directions en diminuant d'intensité en raison de la distance.

Toutes les formes parasites de la terre sont des diminutifs des formes premières, procédant de la même loi, elles sont au milieu du mouvement général autant de mouvements partiels et de mouvements moléculaires sexuel comme les autres ; le choc que nous voyons se produire dans l'atmosphère, entre l'électricité solaire et celle de la terre, se produit en petit entre l'homme et la femme qui s'aiment, il augmente d'intensité en raison des difficultés qu'ils éprouvent pour s'unir.

Le foyer animal que nous nommons digestion varie d'intensité selon la forme ; celui de l'homme est de 40 0/0, il rayonne dans toutes les parties du corps pour y alimenter la transformation constituante et le mouvement électrique, vital et locomoteur, qui lui permettent de se mouvoir au milieu du mouvement atmosphérique.

Le mouvement moléculaire qui obéit à la volonté de l'être pour lui servir de moteur est aussi l'aliment de tous les sens. C'est lui, en se dépensant par toute la surface de l'être, qui rencontre d'autres mouvements différents et l'effet du choc est l'impression ressentie.

Le choc électrique, quelle que soit la cause déterminante, frappe en même temps le cœur et le cerveau et peut déterminer chez l'individu qui en est atteint, la folie ou la mort.

Pour analyser et classer les effets involontaires qui se produisent chez l'homme, il faut se rappeler que ce n'est que le repos des organes et attributs qui participent au mouvement locomoteur ; le mouvement vital ne peut cesser puisqu'il est la vie

et que son extinction est la mort ; il fonctionne
plus ou moins péniblement, selon les forces dépen-
sées par le mouvement secondaire, mais il fonctionne toujours.

Nous savons aussi que les yeux sont les attributs des sens de la forme animale ; l'animal en-
dormi est donc une machine sans directeur, qui
fonctionne au hasard, parce que le sens directeur
qui perçoit les choses est absent par le repos. Les
autres sens qui participent au jugement sont aussi
nuls par la même raison : rien n'avertit l'être de
l'erreur de ses sens.

Les paupières, qui se ferment pendant le sommeil, sont des soupapes qui interceptent les deux
principaux courants moléculaires ; les autres sens
les imitent à leur manière, et permettent au mouvement vital de remplir, pendant la durée du
sommeil, les récipiens qui doivent fournir la vigueur des mouvements de l'être éveillé. Ce qui
nous explique pourquoi les bains, qui intercepte la
déperdition cutanée, reposent à la manière du
sommeil.

Dans la vie des êtres, tous les phénomènes suivent la même loi, combinaison et décomposition
et choc entre mouvements divers, que les corps
soient apparents ou non, ils se comportent tous de
même, chacun dans ses attributions, toute modifi-

cation qui dérange l'harmonie élémentaire dérange aussi l'harmonie vitale de l'être.

L'harmonie dans la constitution des corps produit l'harmonie dans le résultat moral des sens progressifs par la culture, comme les arts et les sciences qui en sont la conséquence.

La folie chez l'homme est donc le résultat d'une interruption dans la succession des images, par la sensibilité du sens réflecteur, ce qui produit dans le jugement, ce que produirait dans un chant musical, un instrument qui ne rendrait pas toutes les notes, ce qui fait que les aliénés raisonnent juste tant que l'image détruite n'est pas nécessaire dans la chose qu'ils ont à exprimer; mais aussitôt qu'ils arrivent au sens, il y a désordre.

Les mêmes effets se produisent pendant le sommeil par la même cause, quoique de nature différente; les sens agissent accidentellement et isolément.

Cette action isolée pendant le sommeil d'un organe, nous explique la puissance active que l'on exploite sous le nom de somnambulisme; dans ce cas, l'opérateur est le corps fécondant ou mâle, il peut arriver à faire dire au dormeur ce qu'il pense lui-même, ou ce que le dormeur a pensé ou des bizarreries comme cela a lieu pendant le sommeil agité.

Le cerveau des êtres est un registre où s'impriment les images et les sensations de quel lieu qu'elles lui parviennent, la vitesse étant électrique, il ressent et juge aussi vite celles des pieds que celles de la vue, de l'ouïe ou du goût, de sorte que l'être, par le désir, modifie les combinaisons, dirige et modifie les courants moléculaires sur l'organe ou la partie de l'organe qui doit reproduire l'image désirée.

Ainsi, plus le cerveau de l'être est apte à recevoir et à reproduire les impressions des sens, plus l'être est intelligent, parce que plus qu'un autre, il aura des idées pour comparer et combiner afin de pouvoir construire des idées supérieures, parce que tout travail tend à l'harmonie qui est la perfection du mouvement des idées, de la forme et de toutes choses qui s'enchaînent et suivent la même loi.

DES ATTRIBUTS DES ÊTRES

Nous entendons par le mot attribut, toutes les parties extérieures de la forme animale, qui varient selon les espèces, les races, le sexe et les individus.

La variété excède aussi dans les nuances et toutes ces variétés servent au classement des êtres, à grouper les mêmes formes en espèces et à diviser les espèces en races, et les races en individus assez dissemblables pour être distingués entre eux.

Le nombre de molécules qui participe à la formation des êt·cs est si grand que le hasard seul peut faire qu'il se rencontre deux nombres égaux identiques dans les éléments et les arrangements; les formes semblables sont de rai·cs accidents dans la diversité.

Il est à remarquer que les animaux les moins différenciés par leurs attributs entre mâles et femelles, le sont davantage par les couleurs ; toujours selon la loi élémentaire, le mâle est toujours plus riches en couleurs que la femelle.

Les formes des membres et des attributs des êtres sont en rapport avec leur intelligence naturelle, parce qu'ils servent à exécuter leurs conceptions imitatives qui seraient nulles en l'absence de ces facultés et n'auraient pas de raison d'être.

Les formes et les attributs, comme l'intelligence, sont le résultat des combinaisons génératrices, le tout est constitué pour les besoins des êtres, comme les outils artificiels le sont pour exécuter les travaux humains.

DU GOUT ET DE L'ODORAT

Les deux sens que nous décrivons sont les deux premiers dont les êtres font usage, parce qu'ils sont indispensables pour le choix de leur nourriture ; aussi sont-ils très développés chez les animaux qui n'ont pas d'autres connaissances pour discerner la nature des objets qui servent à leur alimentation.

Ces deux sens, quoique moins sensibles chez les hommes, le sont suffisamment pour constituer la mémoire des sensations qu'ils éprouvent, qui détermine le penchant à la gourmandise et à l'ivrognerie, soit abrutissement.

La différence de sensibilité entre le goût et l'odorat, qui sont des extrémités de la muqueuse gastrique, s'explique par la différence de leurs fonctions. La partie bucale, qui est toujours en contact avec les aliments, ne peut avoir la sensibilité de la nasale, qui ne reçoit que les impressions de la volatilisation des corps.

DE LA VUE

Cette faculté complète les deux précédentes comme nécessité ; l'animal privé de la vue serait incapable de les exercer, si ce n'est d'une manière si incomplète qu'il serait impuissant à se procurer le nécessaire. Elle consiste à percevoir par les yeux l'image des objets, leurs distances, leurs mouvements et leur état, et de diriger à travers le mouvement général des choses et des êtres cette image qui se forme dans la chambre des yeux et transmise au cerveau par le nerf optique. L'impression est durable et constitue la mémoire des yeux.

· Cette impression de l'image des choses est invariable pour celles qui sont vue une fois seulement et le modifie avec celles qui sont vue continuellement. La perception visuelle des choses et la faculté de conserver la sensation de l'image de la forme, constitue le moyen le plus puissant de transmission entre les hommes et celui qui participe le plus à l'amélioration de l'espèce humaine et au progrès des connaissances en général, parce qu'il permet aux hommes de transmettre à leurs descendants leurs connaissances acquises qui leur servent de point de départ pour en acquérir de nouvelles.

Chaque faculté progressive chez l'homme a son vice ou penchant naturel aboutissant celle-ci à l'orgueil.

DE L'OUÏE

L'ouïe est la faculté que possèdent les animaux de percevoir les sons par l'appareil auditif, d'en distinguer les variétés comme ils distinguent les formes et les nuances avec les yeux; de juger par le son la nature de l'objet qui le produit et les êtres qui l'émettent, de conserver l'impression du son qui arrive au cerveau par le nerf auditif, comme il conserve celle de l'image.

Cette faculté de percevoir les sons permet aux êtres de juger des choses qui échappent à la vue et permet aux hommes de compléter leur mémoire par les effets nombreux que les sons leur révèlent.

DU TOUCHER

Le toucher est la sensation produite sur toute la surface des êtres par le contact d'un corps étranger ou de deux parties du même corps, qui permet aux hommes de distinguer la nature des corps qu'ils touchent par l'impression qu'ils en ressentent.

L'effet sensible du toucher est la différence qui existe entre la surface et la température des corps, leur dureté, leur mollesse et autres qualités physiques et chimiques ; il est le complément des yeux et de l'odorat, desquels il ne diffère que par la moindre sensibilité de l'épiderme comparé aux muqueuses.

Le sens du toucher s'exerce sur ce qu'il y a de plus variable dans la nature de la part des hommes, ce qui le rend le plus incertain comme souvenir et demande beaucoup d'attention pour fournir une part utile à la mémoire.

DU SON ET DE LA VOIX

Le son est l'effet du mouvement moléculaire des gaz dont la vitesse dépasse celle du courant atmosphérique. Cette origine commune avec la lumière fait que leurs phénomènes sont aussi ressemblants dans beaucoup de cas.

Les molécules sonores ont leur réflexion directe, indirecte ou fuyante, ce qui fait que le son se multiplie et se modifie suivant la nature du corps que les molécules rencontrent dans leur parcours et s'éteint lorsque les molécules sont rentrées dans le mouvement général.

La portée du son à travers l'atmosphère est proportionnelle à la force d'impulsion qui résulte du volume de gaz ou de vapeur projeté de la vitesse et de la nature des corps qui se trouvent en contact avec les molécules pendant leur mouvement.

Toute transformation qui donne naissance instantanément à une quantité de gaz ou de vapeur au milieu de l'atmosphère produit un son qui est proportionnel à la chaleur des deux fluides avec la résistance qui s'oppose à leur expansion.

Tous les corps conducteurs du son, nommés

sonores multiplient et modifient le son selon leur nature et leur volume, ce qui produit cette variété de son et de voix qui distingue les corps, les espèces et les individus.

L'expérience démontre que les molécules comme les êtres suivent la même loi.

Que le son provienne des molécules mises en mouvement par le choc entre deux corps de nature différente ou deux parties d'un même corps, la plus grosse des parties et le plus gros corps [modifieront le son selon leur nature et leur volume.

Il faut pour que l'expansion du son ait lieu, que le corps mis en vibration soit indépendant d'un corps non répercutable.

Les variétés de sons suivant la nature et la forme des corps qui répercutent les molécules mobiles, ont été mises à profit par l'homme, pour établir les instruments de musique, qui reposent sur trois moyens différents, qui sont : la vibration par le choc, par le frottement et par insufflation dans des tubes. C'est par ce dernier moyen et l'aide de lames métalliques que l'on est parvenu à imiter la voix humaine.

Il est facile de se rendre compte de la modification du son par les corps en faisant vibrer un diapason métallique que l'on pose sur chaque corps, le son provenant de la même origine, sera modifié par chacun d'une manière particulière, selon sa nature, ce qui fait que les êtres de même espèce ont des voix différentes, parce que la combinaison de deux individus ne peut se rencontrer qu'accidentellement la même.

L'organe de la voix animale est un tube organisé dans lequel le son se produit à rebours de celui produit dans le tube artificiel.

Dans le tube artificiel, la projection d'air a lieu par la pointe, le choc le plus éloigné de la pointe donne le son le plus grave, tandis que dans le tube naturel la projection a lieu par le bout antérieur et le son le plus aigu se produit à l'extrémité de la bouche qui est le point le plus éloigné.

Cette différence de produire et modifier le son s'explique par la conformation du tube animal qui est de forme cylindrique, il est bien l'organe du son, mais il n'en est pas le modificateur, se sont les parties du corps qui l'entourent qui modifient le son selon leur volume et leur nature, dans l'ordre opposé à ceux qui ont lieu dans le tube artificiel.

Le son ne pouvant se produire que dans l'atmosphère, les animaux aquatiques sont obligés de tenir leur tête en dehors de l'eau pour émettre leur voix naturelle.

DU LANGAGE

Le langage de l'homme est une variété de sons qui lui permet de désigner chaque chose par des arrangements qui ont pour signes écrits : les lettres, les mots et les phrases. Les sons qui constituent les mots varient à l'infini, selon les lieux, soit par la prononciation dans le même langage, soit dans des langues diverses.

Chez les animaux, la modification se borne à quelques sons, que chaque être de la même espèce prononce semblables à ceux de tous ses congénères, qui servent à leurs rapports par la simple modification expressive, pour appeler, menacer où avertir d'un danger.

Le langage des peuples subit les mêmes transformations que les autres corps de la nature ; rien n'échappe à cette loi générale : les langues succèdent aux langues, comme les peuples succèdent aux peuples, les individus aux individus.

Cette chaîne de succession constitue la durée historique.

Si les hommes avaient employé les ressources du langage dans l'intérêt de la civilisation générale, comme ils l'ont employé dans les intérêts personnel, il y a longtemps que les peuples n'auraient plus rien à désirer comme constitution. Mais les abus qui sont si profitables à ceux qui en vivent, craignent la vérité et nous savons qu'ils ne sont pas difficiles dans le choix des moyens pour l'étouffer.

DE L'IDÉE

L'idée est l'image de la chose absente, qui part toujours d'une ou plusieurs choses connues. L'image de l'inconnu ne peut exister. C'est précisément cette impossibilité qui a porté les hommes à imaginer un ciel et autres lieux fictifs et des choses semblables à celles qui existent parmi eux.

Lorsque l'homme parle d'une chose présente, il n'a qu'à diriger ses yeux du côté de cette chose pour en apercevoir l'image ; mais lorsqu'il parle d'une chose absente, il faut qu'il cherche dans son cerveau l'impression de l'image de cette chose ou d'une chose semblable. C'est ce qu'on appelle : souvenir de la chose, la mémoire.

Les mots écrits sont la semence palpable des idées, comme les graines sont la semence des plantes. Entendre prononcer des mots sans en comprendre la signification ; c'est voir et toucher des grains sans en connaître l'origine.

Lorsque l'homme entend ou lit le mot *chêne*, s'il connaît cet arbre, son image se présente instantanément pour répondre à la signification du mot ; si on lui présente un gland, qu'il sache que le gland est le fruit du chêne, le même effet a lieu. Si l'homme ne connaît pas le chêne, le mot sera pour lui sans signification, et le gland une forme particulière, sans autres propriétés.

Ce que nous venons de dire pour les idées, qui sont le résultat de tous les sens, s'applique à chacun en particulier.

DES MALADIES DES ÊTRES

Les êtres, comme les sphères, ont un double mouvement ; l'un vital qui succède au mouvement de combinaison aussitôt que la forme a acquis la résistance nécessaire. Ce mouvement est indépendant de la volonté de l'être, comme celui de sa formation, ils sont liés ensemble et ne peuvent cesser en partie, l'un ou l'autre, sans occasionner des maladies ou la mort.

Le mouvement secondaire ou locomoteur varie

selon la forme de l'être; la difficulté du centre de gravité est en raison de la position qu'il occupe dans l'échelle animale ; les êtres inférieurs qui rampent n'ont point d'étude à faire, ils peuvent se mouvoir en naissant ; les quadrupèdes demandent déjà plus de force et une certaine étude d'équilibre ainsi qu'un exercice de leurs membres pour les habituer à suivre l'impulsion de leurs désirs.

L'homme est de tous les êtres celui qui a la plus longue étude à faire pour atteindre son centre de gravité, à cause de sa forme droite, de sa marche verticale et du peu de surface de son point d'appui et de la lenteur de sa croissance.

Les attributs et les membres locomoteurs des êtres peuvent subir des mutilations sans que le mouvement vital cesse ; les maladies les plus dangereuses sont celles qui attaquent les organes de ce mouvement.

Ces organes sont : l'estomac comme foyer digestif, la bouche et l'œsophage comme conduit d'alimentation, le diaphragme et les intestins, passage évacuant des substances passives, le foie, la rate, les reins et la vessie, les poumons : soufflets aspirants et respirants par la trachée artère et le larynx pour alimenter le foyer de transformation du sang : le cœur, pompe aspirante et foulante pour la circulation du sang par les veines et les artères, la moëlle épinière, le cerveau et ses ramifications, tout cela est renfermé dans la charpente du corps qui le protège comme le mouvement d'une montre dans sa boîte.

Pour que l'être soit en état de santé, il faut que tout ce qui constitue le mouvement vital fonctionne sans entrave. En examinant la délicatesse des organes, on est étonné de leur puissance active et de leur durée parce que nous les comparons à une forme artificielle semblable, nous ne réfléchissons pas que le corps naturel est en transformation continuelle, que la vie active répare incessamment toutes les attaques faites à l'organisme, comme les soldats réparent les brèches faites à une forteresse qu'ils défendent, une vie active ne cède qu'à une action passive supérieure, comme les soldats de la citadelle ne cèdent qu'à une force supérieure ; entre la vie active et la vie passive il y a lutte continuelle.

La vie active est entretenue par les aliments et la vie passive est déterminée par la non-évacuation des substances qui ont rempli leurs rôles d'activité et de la partie non-nutritive des aliments ; il faut qu'il y ait égalité entre l'absorption et la dépense, le poids du corps étant la différence selon l'âge.

L'harmonie vitale qui existe dans toutes les parties de l'être entre l'absorption et la sécrétion, peut être interrompue partiellement par une inflnité de causes qui produisent toujours un foyer passif que l'on nomme inflammation.

Lorsque le foyer a lieu dans la longueur des voies digestives et respiratoires, il y a obstruction qui menace l'existence de l'individu. Si le foyer est localisé dans une partie de la charpente extérieure ou dans une partie d'un membre, il y a moins de danger ; mais quel que soit le lieu du foyer, la médication est de le neutraliser et de faciliter la sécrétion du ferment passif.

La première chose à observer dans le traitement d'une maladie, c'est d'agir de manière à rétablir les fonctions naturelles en général, et non d'établir des dérivatifs artificiels qui en absorbent une partie et deviennent, après une certaine durée, des maladies parasites.

Un foyer passif peut être déterminé par une suppression partielle ou totale de la sécrétion cutanée, par la suppression ou la diminution des sécrétions intestinales, urétrales et vaginales.

Le moyen déterminant le plus fréquent, c'est le contact dans l'acte générateur ; les êtres sont en contact par les muqueuses ; pour peu que l'un soit vicié dans son tempérament, il détermine un foyer passif chez l'autre, ainsi que cela a lieu par le contact des lèvres. Ces inflammations sont souvent longues à guérir, parce que la muqueuse atteinte devient un centre sécréteur plus propice à de nouvelles inoculations.

L'inoculation par vice de tempérament acciden-
tel produit une inflammation superficielle qui
n'affecte pas la généralité du corps, mais lorsque
l'inoculation est vénérienne, le ferment pénètre
dans toutes les parties.

Les agents passifs, comme les autres corps,
agissent par ordre de puissance, qui est en raison
de leur éloignement de l'état vital en santé, depuis
l'inoculation superficielle jusqu'à l'inoculation
cadavérique.

Le choc qui tuméfie les chairs détermine aussi
un foyer passif en raison de la profondeur des
chairs tuméfiées qui constituent des corps parasites que la vitalité isole, comme cela a lieu contre
les corps étrangers qui pénètrent accidentellement dans les chairs. Ces formes parasites se
résolvent par la suppuration ou vivent à l'état de
tumeurs, qui est la forme la plus dangereuse à
cause de son accroissement en volume et en ramifications.

L'harmonie vitale se modifie aussi chimique-
ment par tendances préexistantes ou par penchants
à certains aliments, ou par l'influence accidentelle
du milieu d'existence, ces modifications produisant
le diabète, l'albuminurie, la gravelle, la goutte, les
fièvres diverses qui sont le résultat de deux causes passives : l'aspiration d'émanations à l'état
passif et la diminution de la sécrétion cutanée, qui
détermine le ramollissement des muqueuses.

Il nous reste à ajouter aux causes précédentes les substances nombreuses désignées sous le nom de poisons.

Celles du règne minérale sont nombreuses à cause de leur simplicité élémentaire qui détermine la décomposition animale désignée par causticité; le corps alcalin ou acide se combine avec la partie organique qui le neutralise et les gaz agissent sur les parties animales et sur l'atmosphère; le règne végétal produit des substances qui agissent du caustique au stupéfiant; les venins des animaux agissent dans la même gradation des moustiques à la vipère rouge,

En examinant toutes les causes diverses qui déterminent des foyers passifs dans l'organisme animal, on comprend que les moyens employés à les combattre doivent tendre à leur extinction, et que celles qui agissent par extinction du foyer naturel doivent être combattus par des stimulants.

Lorsque le foyer de la maladie est interne, les moyens médicaux sont toujours les mêmes : évacuants et neutralisants, par des boissons laxatives, tempérantes, alcalines, et agir à l'extérieur pour faciliter le rétablissement des sécrétions naturelles. Lorsqu'il y a diminution du foyer vital, soit faiblesses, employer les stimulants combustibles, dont les principaux sont l'alcool et le sucre.

Il faut bien se pénétrer que le corps naturel, en

santé, est une mécanique en bon état et que les engorgements, les foyers ou irritations, sont pour lui ce que sont à une mécanique artificielle les corps étrangers qui y pénètrent accidentellement et les atteintes de rouille qui s'y forment.

Les bandages usités pour les hernies déterminent par leur jonction un échauffement nuisible. On y remédie en interposant entre la pelote et la hernie, un disque fait de quatre doubles de toile de chanvre lessivée, deux bouts d'attaches cousues en un point du bord se nouent autour du bandage.

Son entretien en bon état consiste à éviter les accidents, de même que pour maintenir l'homme en santé, il faut maintenir en bon état les voies digestives et respiratoires.

Quoique le corps naturel soit beaucoup plus compliqué par son mouvement vital qu'un mécanisme artificiel, les moyens pour rétablir la régularité dans ses fonctions sont également simples.

Les moyens pour rétablir l'harmonie dans les fonctions vitales sont médicaux et hygiéniques, et employés de manière que leurs effets se confondent pour parvenir aux mêmes résultats. Les médicaux se composent de substances nombreuses qui se réduisent à des effets limités qui en ont permis le classement, et de limiter l'emploi à celles qui produisent les effets les plus certains.

Il en est de la médecine comme de toutes les institutions que l'antiquité avait établi. A mesure que les connaissances exactes progressent le merveilleux disparaît, les propriétés des minéraux et des végétaux se réduisent à des effets physiques et chimiques qui varient de puissance quoique d'actions semblables, comme cela se produit chez les êtres organisés.

Le progrès médical suit la même marche que les autres qui est de marcher du désordre à l'ordre, du multiple incompris au simple raisonné, des rêves à la réalité, les mystères disparaissent devant la science.

L'action des corps en général sur l'organisme animal est la continuation de celle des corps élémentaires, sous des formes multiples de corps composés agissant comme les simples.

Ces corps sont divisés par catégories dont l'action varie d'intensité à quantité égale et de puissance dans l'action. Comme ils varient dans leurs formes physiques, l'enchaînement dans l'action est semblable à celui qui existe dans les formes.

La médecine antique avait expérimenté tous les corps, mais les expérimentateurs manquant de connaissances, avaient ajouté des effets imaginaires aux effets réels. La science moderne a mis de côté les effets imaginaires pour ne conserver que l'usage des substances à effets réels.

Les progrès de la chimie ont fait connaître que l'action des substances organiques sur les animaux était due à des corps particuliers qui font partie des éléments constitutifs des corps organiques. Ces corps isolés produisent le même effet que le corps naturel sous un volume et un poids moindres qui varient de dix à cinquante fois, ce qui permet de préparer les médicaments sous des formes agréables, au lieu des formes volumineuses et désagréables des substances naturelles.

Par la multiplicité des produits chimiques, on a reconnu que les mêmes effets sur l'économie animale pouvaient s'obtenir avec des produits d'origine différente et que les effets variaient avec la quantité du comestible au toxique.

Les médicaments qui se rapprochent le plus des aliments qui doivent former la première catégorie sont les stimulants qui agissent dans le même ordre, dans l'intérêt de la vitalité, soit activement ou électriquement dont le maximum est l'alcool.

La seconde catégorie comprend les toniques dont l'action maximum seulement s'éloigne des aliments, les astringents qui viennent ensuite n'ont pas d'action utile, ils terminent la série des corps qui participent à la nutrition qui sont tous plus ou moins combustibles.

Les tempérants ou rafraîchissants commencent la série des corps qui agissent passivement, comme ils sont contraires à la combustion, ce sont les plantes et les fruits acides ; plusieurs acides produits artificiellemment, très étendus dans l'eau, peuvent être employés comme ceux qui existent dans les fruits naturels, mais ils sont tous toxiques, plus concentrés.

Viennent ensuite les alcalis qui sont les bases ou femelles des acides ; un certain nombre existe à l'état élémentaire dans des plantes alimentaires et médicinales, constituent les dépuratifs ; les sels de potasse et de soude, qui sont les deux principaux alcalis à dosage convenable, produisent les mêmes effets et deviennent corrosifs comme les acides à mesure que l'on approche de leur état pur.

La propriété des alcalis est de neutraliser l'excès d'acide et de dissoudre les substances passives, d'en faciliter l'écoulement par les voies urinaires et intestinales, effet analogue au lessivage du linge,

Les purgatifs succèdent aux précédents par leur action passive graduée qui commence à l'indigestion par répulsion et finit à l'indigestion par irritation et répulsion de l'organisme.

Les narcotiques terminent la série médicale par leur action passive magnétique que l'on gradue de simple calmant au sommeil qui précède la mort.

Une action purement passive sur la vitalité sans autre modification dans l'économie ne peut être

qu'une erreur médicale, le malade n'a jamais trop
de vitalité pour lutter contre les attaques passives
de la maladie, cet effet ne doit être appliqué qu'à
des opérations chirurgicales où la douleur peut dé-
passer les forces du malade, comme les stupéfiants
magnétiques.

Les substances employées comme vermifuges
contre les vers intestinaux, sont prises dans les
diverses catégories précédentes ; la médication
consiste à employer un ou plusieurs stimulants
amers ou un purgatif et quelquefois la combinaison
des stimulants amers avec des purgatifs.

Ceux employées contre les empoisonnements
proviennent également de diverses catégories, le
premier moyen est la purgation et le second la
substance qui par son union à l'élément passif neutralise ses effets, et lorsqu'il n'y a pas de combinaison, une substance qui produit un effet contraire.

La médication externe se fait par les substances
prises dans les catégories employées à l'intérieur,
préparée sous d'autres formes, avec un dosage
beaucoup plus étendue, la surface extérieure étant
plus résistante et indépendante des organes essen-
tiels par sa nature d'enveloppe protectrice.

Les maladies cutanées et sous-cutanées sont le
résultat de causes semblables aux maladies in-
ternes, soit un foyer passif qui affecte la forme générale ou une partie plus ou moins étendue.

Les effets apparents des maladies cutanées se présentent sous la forme squameuse et pustuleuse. Cette dernière forme est celle de la galle qui renferme des insectes parasites ; les autres variétés sont des ulcères à action continue ou sous forme de bourgeons ou tartres et rougeurs à action limitée.

Les maladies sous-cutanées qui se forment dans les chairs à des profondeurs diverses et sous des formes variées sont le résultat de substances à l'état passif, isolées par les parties actives qui déterminent un ferment passif qui produit des formes selon sa nature.

Lorsque l'action est lente, il se forme une excroissance parasite que l'activité isole, comme cela a lieu autour d'un corps étranger qui pénètre accidentellement, la suppuration s'établit autour du corps parasite afin de pouvoir le rejeter en dehors; si l'action passive est prompte, elle est circonscrite par les parties actives selon sa puissance et rejetée sous la forme purulente.

Si l'action passive est constitutionnelle, les formes passives varient de la tumeur aux excroissances dites végétales à l'extérieur, aux ulcères chancreux et aux excroissances cancéreuses à l'intérieur, mais quelle que soit la forme et le siège du ferment passif, la médication a toujours pour but son extirpation ou son extinction.

L'extirpation des formes parasites est chirurgi-
cale, la médication combat les causes, si le foyer
n'a pas de forme parasite; lorsque la tension de la
peau prend la forme d'un bouton ou d'un cône, le
meilleur moyen est l'incision centrale pour faire
dégorger les liquides malades, la médication neu-
tralisante s'applique ensuite ; lorsque la forme
éruptive est superficielle, la médication suffit.

La meilleure application contre les inflammations et le meilleur détersif des plaies de toutes
natures qui sont dans un état morbide ou passif,
parce que son action est adoucissante et neutrali-
sante, c'est le savon à la potasse.

En raisonnant les choses, on arrive à la même
conclusion, une plaie accidentelle ne demande
que des moyens physiques; si au lieu de se cica-
triser, il s'y forme un ferment passif, le moyen
chimique est le seul indiqué pour éteindre le foyer
en neutralisant le ferment. L'effet physique est
produit par la consistance du remède.

Dans le passé, ce résultat a été atteint par l'application de plantes contenant des sels organiques
propices et des huiles volatiles, qui aidaient par
leur causticité et par des préparations emplastiques
contenant des oxides métalliques qui produisent le
même résultat.

Tous ces moyens plus ou moins empiriques peuvent se remplacer par le savon à la potasse qui

neutralise le ferment par l'infiltration de son eau alcaline, détruit la suppuration dans sa moindre étendue tout en évitant les douleurs qui ont lieu par les autres moyens.

Il nous reste à nous occuper des moyens hygiéniques qui sont le complément nécessaire des moyens médicaux, soit moyens chimiques et moyens physiques, pour parvenir au même résultat, puisque ces deux moyens appliqués séparément produisent les mêmes effets et qu'ils se neutralisent lorsqu'ils sont appliqués sans discernement. ·

Il est nécessaire en médecine de distinguer la nature des tempéraments pour éviter la confusion dans les traitements et l'inefficacité de toute médication appliquée en dehors de cette connaissance.

Dans les éléments chimiques le plus petit nombre est toujours basique, soit alcalin ou magnétique, le plus grand nombre est mâle ou électrique en présence des basiques invariables, mais ils sont aussi mâles ou femelles et classés par ordre de puissance électrique. Cette différence se continue chez les êtres organisés qui varient de puissance électrique et magnétique.

Le milieu vital atmosphérique varie avec les latitudes ; en France, il est de 15 à 20 0/0 environ, la température artificielle doit s'y conformer autant que possible, il y a aussi une humidité moyenne à imiter.

Pour se garantir des atteintes atmosphériques, les hommes fabriquent des tissus de diverses natures qui imitent par leurs qualités une température sèche, moyenne, ou humide.

La laine et la soie en contact avec le corps humain, lui font une atmosphère sèche ; les tissus en coton, une moyenne, et ceux en chanvre et lin, une humide.

Le type humain le mieux équilibré dans sa constitution et dans ses formes a été qualifié de sanguin-nerveux, à cause de sa vigueur sanguine et de sa sensibilité, qui sont les caractères de l'intelligence.

Ce type se modifie en sanguin, en nerveux, en musculeux, graisseux, osseux, lymphatique, et la dégénérescence sera frileuse, ce qui est le plus éloigné du type choc électrique, qui a besoin de la plus grande quantité de chaleur artificielle pour équilibrer le milieu vital, parce qu'il est magnétique comparé aux autres.

Dans toutes les combinaisons naturelles, on retrouve les propriétés qui existent dans les éléments; dans les végétaux, il y a les stimulants électriques, les narcotiques et stupéfiants magnétiques; dans les différentes espèces d'animaux, il y a le sang chaud et le sang froid, et dans la même espèce, cette différence se produit.

La plus grande maladie de l'humanité est tou-

jours son penchant à retourner à son état natif,
ce qui la met en rébellion constante contre la civilisation qui oblige de raisonner ses actes.

Dans les pays chauds, pour combattre l'ivresse
électrique des stimulants, on a fait un précepte
religieux qui défend les boissons alcooliques, en
permettant l'ivresse de la femme ; les hommes se
sont conformés au précepte religieux, mais ils ont
remplacé l'ivresse électrique par l'ivresse magnétique des narcotiques.

Dans nos pays tempérés, il y a des préceptes
religieux et des lois civiles pour combattre l'ivresse,
mais les religieux sont les premiers fabricants de
liqueurs alcooliques et les gouvernements exploitent toutes les ivresses, les uns et les autres à cause
des revenus qu'ils en retirent.

Les peuples ont toujours été sensibles à la liberté
de s'abrutir, qui flatte leurs penchants naturels ;
c'est la seule qu'ils comprennent, parce que dans
cet état d'enfance ils n'ont aucun devoir à remplir,
ils sont conduits par des fonctionnaires parasites
comme les troupeaux d'animaux le sont par des
bergers.

Il est facile de comprendre ce que peuvent être
les peuples dont le principal soin est de s'enivrer,
l'usage qu'ils peuvent faire de leur première instruction, durant leur existence qui n'est qu'une
intermittence de raison et de folies diverses qu'il

décore du titre de civilisation pour flatter leur orgueil abruti.

Les abus ont toujours leur point de départ dans une nécessité qui se modifie suivant la situation climatérique. Dans les pays froids, l'homme a besoin, pour obtenir le degré de chaleur nécessaire à son existence, d'une plus grande quantité de nourriture et d'une plus grande quantité de boisson stimulante qui devient habitude et le rend moins sujet à l'ivresse.

Dans les pays à climat tempéré, où la différence de température est moindre, les stimulants y sont moins nécessaires, ainsi que la quantité de nourriture, les écards du régime ordinaire y produisent des effets plus sensibles.

Dans les pays chauds, ou la température moyenne diffère peu de la température vitale, la nourriture végétale en petite quantité leur suffit; pour stimuler leur appétit ils font usage d'épices, et comme ils sont portés pour les alcools à cause de l'ivresse qu'ils en éprouvent, ils arrivent à l'abus avec une quantité moindre.

Ces modifications dans la manière de vivre sont également nécessaires dans le même milieu selon la nature des tempéraments qui exigent chacun une nourriture particulière qui ne se rencontre pas dans la vie commune.

Une différence entre la nourriture végétale et

animale que l'expérience démontre, c'est que l'homme qui se nourrit principalement de végétaux plus digestifs qui demandent des repas plus rapprochés, conserve plus longtemps la vigueur sanguine que ceux qui font usage d'une nourriture animale qui les rend gros et lourds avant l'âge et sujets à des maladies qui leur sont particulières.

L'hygiène dans la manière de vivre est d'une grande importance pour la conservation de la santé. Chacun avec de l'attention peut savoir quels sont les aliments qui lui sont contraires et s'en priver, mais il y a des penchants à combattre et c'est presque toujours la force de caractère qui manque pour résister à un désir ; d'ordinaire, l'homme plaide toujours en faveur de ses faiblesses, comme si elles étaient des qualités et fait l'étonné lorsque les autres ne partagent pas son opinion.

Les moyens hygiéniques pour maintenir l'équilibre dans les fonctions vitales de l'homme consistent dans le choix des aliments selon les tempéraments est dans le choix des tissus qui sont destinés à être mis en contact avec la surface extérieure, qui par leur action sur la sensibilité cutanée peuvent modifier les fonctions générales.

Les objections pour la surface extérieure du corps sont les mêmes que pour l'intérieur ; les vêtements comme les aliments servent à maintenir température moyenne du corps.

Dans les pays chauds, l'effet stimulant de la laine est atténuée par l'ampleur des vêtements qui permet la circulation à une grande quantité d'air. L'expérience de ces effets se présente dans nos climats, le tempérament le plus irritable se trouve bien dans un pantalon en drap plus ou moins léger selon la saison, mais ne supporterait pas un caleçon même en coton, parce que deux étoffes interceptent davantage l'air qu'une.

Le coton par sa fibre douce plus hygrométrique que la laine, mais pas assez pour être froide, constitue le tissu le plus convenable pour les tempéraments sanguins et les vêtements ne doivent jamais être serrés de manière à empêcher la circulation de l'air qui est nécessaire aux fonctions vitales de la surface extérieure du corps, comme il l'est dans les fonctions intérieures.

Ces indications hygiéniques ont une grande importance, parce que l'effet stimulant permanent d'un vêtement trouble les fonctions vitales, détermine des maladies et neutralise les moyens médicaux à effet limité ; la médication intérieure, pour être efficace, doit donc se concorder avec les effets atmosphériques.

Un vêtement qui n'est pas approprié au tempérament peut produire en tout temps les mêmes effets que produisent les saisons.

L'expérience nous démontre que l'été et l'hiver

produisent sur les corps les mêmes effets et que la
réaction qui se produit en automne est semblable
à celle qui se produit au printemps.

Pendant l'été, la chaleur de l'atmosphère agit
sur la surface extérieure du corps et par les voies
respiratoires qui déterminent une perturbation dans
les fonctions naturelles, la transpiration cutanée
augmente et diminue celle des muqueuses, ce qui
détermine un besoin de boire pour se rafraîchir ;
mais dans ce cas, les hommes ont compris que le
meilleur tempérant est toujours l'effet de l'atmosphère, en découvrant le plus possible le buste du
corps, ce qui est une nécessité pour ceux qui travaillent péniblement.

Dans cette situation, les hommes ont compris
qu'une substance âcre tenue dans la bouche stimu-
lait la sécrétion salivaire, attirait l'humidité aux
muqueuses buccales et atténuait le sentiment de
la soif, le tabac a remplacé chez nous les autres
substances

Ce moyen de stimuler la sécrétion salivaire et
muqueuse dans les temps secs, a aussi son utilité
dans les temps humides pour décharger les muqueuses d'une trop grande humidité qui les ramollis
et qui diminue leur puissance digestive.

Tous les moyens que les hommes ont imaginé
pour atténuer les accidents de la vie, tendent à
maintenir les fonctions vitales dans leur milieu

atmosphériqne et la médecine ne sera une science réelle que lorsque les moyens d'actions tendront au même but, l'équilibre des fonctions.

Mais malgré tous les moyens artificiels usités pour atténuer les effets d'une atmosphère qui s'écarte trop de notre milieu vital, il se produit toujours des effets passifs qui sont les germes des maladies, là transpiration cutanée et l'altération des muqueuses buccales ne peuvent pas remplacer les sécrétions intestinales, évacuants naturels des substances passives.

Pendant cette période, le corps retient dans la circulation des éléments passifs, qui déterminent les accidents cérébraux et intestinaux qui sont les caractères des principales maladies de cette situation.

Lorsque une température moyenne succède, les premiers vents tièdes et humides déterminent une détente dans tout l'organisme, il s'établit une fermentation dans le sang, pour s'épurer et rejeter toutes les substances passives qui entravaient la régularité des fonctions vitales.

Cette révolution purgative qui s'accomplit spontanément, rétablit la santé des tempéraments qui la supportent, mais fait succomber les faibles. Les moyens préventifs indiqués sont les purgatifs doux.

Lorsque le sujet approche de cet état obstrué,

il mange davantage, parce que les muqueuses digèrent moins bien, son corps lui semble plus lourd, il est en effet plus plein ; mais aussitôt que le ferment purgatif se produit il perd l'appétit et éprouve de la répugnance pour le tabac, s'il en fait usage. La nature indique dans ce cas la conduite hygiénique que le malade doit suivre pour ne pas contrarier l'action active spontanée.

La saison d'hiver étant beaucoup plus longue que les grandes chaleurs de l'été, les effets contractés sont plus tenaces, les vêtements chauds et le chauffage artificiel sont des causes qui nuisent à la réaction naturelle. Les boissons émollientes qui sont usitées dans ces cas ne peuvent que prolonger la sécrétion vicieuse qui s'est établie qui détermine les toux chroniques et les gastrites.

Dans cette situation, il faut avoir recours aux répercussifs dont l'action consiste en une légère causticité sur la muqueuse ramollie et à repousser les liquides à leur courant naturel.

Les substances employées pour obtenir cet effet pourraient être très nombreuses puisqu'il y aurait toute la série des huiles volatiles dites essentielles, les huiles de goudron et en général tous les corps pouvant produire cette légère causticité ; mais celui qui peut remplacer tous les autres, c'est l'alcool dont on augmente les effets à volonté par d'autres substances plus caustiques que l'on fait dissoudre dedans.

La manière d'opérer consiste à humecter un fragment de sucre avec la teinture alcoolique, de le mettre dans la bouche, de le laisser fondre sans l'avaler pour que l'action caustique puisse bien se produire; le meilleur moment est le soir en se couchant et d'avaler le plus lentement possible le médicament après l'avoir conservé dans la bouche pour lui permettre de produire tout son effet.

Cet effet peut se produire par la fumée du tabac, par la décoction de café torréfié à cause de l'huile carburée qui se forme pendant la torréfaction, et une fois que les liquides ont repris leur voie naturelle, il y a guérison.

Les vapeurs aspirées de l'acide acétique qui produisent cet effet répercutif ont été vulgarisées par les Anglais, qui ont imaginé d'en porter dans des flacons de poche.

Les causes qui peuvent modifier les fonctions naturelles se présentent à chaque instant dans la vie; les effets les plus violents sont ceux déterminés par les rayons solaires en été qui frappent sur la tête et les épaules, et l'évaporation de l'humidité terrestre, qui agit en sens contraire, ce qui détermine l'affluence du sang vers la tête; les accidents sont : l'apoplexie, les hémorragies nasales, l'hémopthisie, les éruptions de la face.

La violence de ces effets fait des victimes, mais elle est si apparenté que l'indifférence ne peut exister; mais il n'en est pas de même lorsque le même effet se produit lentement pour avoir demeuré assis sur un corps froid, la pierre ou la terre humide, être demeuré trop longtemps immobile dans un endroit humide, ou par un lavage imprudent à l'eau froide.

Si le mouvement ou la chaleur du lit ne rétablissent pas l'équilibre interrompu, les accidents se produiront lentement et diversement suivant la situation où le foyer passif s'établit.

Le moyen le plus puissant pour rétablir l'équilibre des fonctions est toujours le même, qui est la réaction atmosphérique de haut en bas à l'opposé de la même action qui a déterminé la maladie. Si le sujet a la précaution, lorsqu'il s'aperçoit d'un malaise, de se coucher, de ne conserver sur la partie supérieure du corps que la chemise en été et le drap en plus en hiver, et se couvrir la moitié inférieure du corps à partir de la ceinture, la longueur d'une nuit est suffisante pour rétablir l'équilibre, et les éléments passifs sont rejetés par la vitalité naturelle.

Mais si la maladie est chronique, comme cela arrive souvent chez les jeunes filles qui n'ont pas de stimulants pour remédier à l'effet répercusif, il y a suppression du flux menstruel, chlorose, étiolement, maladie des voies digestives et respiratoires, le tout déterminé par le reflux du sang passif.

Le moyen pour remédier à cette situation est toujours le même, seulement il demande une durée proportionnelle à l'intensité du mal ; la fille, dans ce cas, s'habille légèrement la partie supérieure du corps et porte un jupon de laine sous la chemise pour que la chaleur et le frictionnement de la laine rétablissent l'équilibre des fonctions, ce qui a lieu assez promptement, et la guérison est faite,

Pour les hommes, le moyen est le même, les deux sexes aujourd'hui portent des caleçons en flanelle qui peuvent servir dans cette circonstance. L'homme a son épuration sanguine par les intestins qui, par sa suppression, détermine des désordres qui ne peuvent disparaître que par le rétablissement de la fonction interrompue.

Si la congestion se fait dans la partie inférieure du corps et qu'elle ne disparaisse pas par le repos, comme cela a lieu lorsqu'elle est l'effet de la fatigue, il faut agir sur la partie supérieure ; mais dans tous les cas, lorsque l'équilibre est rétabli, cesser les moyens artificiels.

Les maladies quelle que soit leur situation, sont des foyers passifs nommés inflammation. La langue médicale, qui se complique graduellement, devrait être ramenée à la simplicité des choses, en désignant tous les foyers par le mot inflammation suivi des noms de l'organe atteint et ne conserver les noms spéciaux qu'à celles qui se distinguent des formations passives parasites.

L'expérience nous démontre que l'alcali est le meilleur moyen pour éteindre le foyer inflammatoire, l'ammoniaque est devenu populaire contre les inflammations vénimeuse, mais tous les alcalis possèdent la même propriété et il n'est pas nécessaire de les employer à l'état caustique ; l'eau de savon suffit pour produire le même effet, et le savon à la potasse suffit pour les maladies cutanées.

Le savon, qui est d'un usage général pour maintenir notre corps extérieur dans un état de propreté et éviter les inoculations par le contact, est indiqué pour être employé en lotions ou injections pour prévenir les effets du contact des organes sexuels.

Le savon de glycérine, qui est une combinaison moderne, a une consistance qui peut se prêter à toutes les formes pour tous les organes tout en étant le médicament le plus convenable.

Ls chose la plus démontrée qui est aussi utile à notre existence que les aliments, l'atmosphère, qui devrait être le véhicule de la médecine des organes de la respiration, en même temps que les autres corps agissent dans les organes de la digestion, puisque la vie est alimentée par les deux fonctions, est demeurée incomprise.

Tous les corps volatiles peuvent être respirables divisés dans l'atmosphère, comme les solides

7

et les liquides sont digestifs divisés dans l'eau ou autre substance neutre ; les gaz les plus caustiques, tels que l'ammoniaque, le sulfureux, le chlore, sont respirables dans certaines combinaisons. Les alcools, les éthers, les huiles volatiles, liquides ou concrètes, sont respirables, le chloroforme, l'acide cyanhydrique, peuvent être rendus respirables,

Ces nombreuses substances peuvent se transporter dans des flacons de poche, pour être aspirés à volonté par le malade, et pour la nuit avoir dans des flacons, des doses déterminées qui par leur évaporation libre rendront l'atmosphère de la chambre du malade médicinale pendant son sommeil.

Pour les injections par les organes génitaux et par le rectum, avec de petites pompes aspirantes et foulantes, il sera facile d'avoir la quantité d'atmosphère saturée en proportionnant la quantité de médicaments à la grandeur du vase.

DES PRINCIPES

Les principes sont le point de départ de toutes formations réelles ou fictives, comme les grains et les œufs pour les formations végétales et animales. Les règles suivies par les hommes dans leurs imitations artistiques et scientifiques, sont encore des principes qui dérivent des premiers. Comme les formes que la nature anime, dérivent de la combinaison des grains et des œufs.

Ces principes apparents sont régis par des lois naturelles qui échappent à nos sens, ne se révèlent aux hommes que par leurs effets, comme les molécules gazeuses. C'est l'ignorance de ces lois qui a fait que les hommes ont construit toutes sortes de formes artificielles pour arriver au bien, qui n'ont été que des cadavres plus nuisibles qu'utiles, parce que la science qui anime leur était inconnue.

La construction du raisonnement a pour principe les connaissances générales ; le raisonnement vocal a pour objet la désignation des choses et leur description ; le raisonnement visuel a pour objet la perception des images, des choses, et l'ouïe, le goût, l'odorat et le toucher, la perception des sensations, afin que la voix puisse les nommer et les décrire.

Les signes du langage vocal sont les lettres, les mots et les caractères arithmétiques; ceux du langage visuel sont le dessin, la peinture, la géométrie et la sculpture,

Pour que le langage vocal, qui est le moyen de transmission du raisonnement, puisse se produire correctement, il faut qu'il soit précédé de celui des autres sens, la vue en est le directeur comme elle est celui de l'être; de la perception exacte des sens résulte l'exactitude de la description vocale, ce qui fait que l'homme ne peut décrire que les choses qu'il voit ou qu'il a vu, dont les images réflectives représentent un souvenir, il en est de même pour les autres sens.

Ces principes incomplets de l'école antique purement artistique, ne pouvant décrire que la surface des choses, n'ayant pour règle que la vue sujette à une infinité d'erreurs, lorsqu'elle n'a pas la science pour contrôle. Ce sont ces erreurs, involontaires ou accidentelles. qui ont produit la poésie profane et la poésie religieuse si funeste aux nations parce qu'elle les maintient dans un état de folie qui les détourne de leurs intérêts réels, pour les pousser à la recherche de jouissances fictives après leur mort.

Cette poésie qui s'est succédée et perfectionnée avec le temps, ne pouvait avoir d'ennemie que la science exacte qui rétablit la vérité en toutes choses ; les hommes seulement lettrés sont impuissants comme l'art, ils ont de la peine à égaler les Grecs et les Romains, malgré les deux mille ans qui nous séparent.

La résistance contre la vérité est l'effet de tous les principes opposés, les hommes s'organisant sur un principe, y établissent leurs intérêts ; ils les défendent comme leur chose, comme l'animal défend sa proie, tout homme qui émet un principe contraire est criminel à leurs yeux et mérite la mort. C'est le jugement de l'animal qui a peur qu'un autre lui prenne sa nourriture, la justice lui est inconnue.

Cette lutte animale entre les chefs est l'effet de leurs intérêts, mais le grand nombre de ceux qui les accompagnent agissent contre le leur, ils subissent dans leur ignorance le même ascendant que les animaux domestiques qui obéissent par caresse ou par crainte.

Tout principe qui réunit des hommes dans un intérêt fictil ou réel constitue un corps composé, agissant sous l'empire de ce principe qui est l'ennemi des autres, s'il emploi les caresses pour attirer les hommes à lui, il préférera leur mort que de les voir faire partie d'un autre corps.

Cette conduite entre les sectes religieuses, entre les castes, entre les partis politiques, est restée la même, comme les principes qui la détermine, elle se continuera tant que les hommes auront pour base des idées fausses, fruit de l'ignorance qui les rend rebelles à la civilisation.

L'homme instruit dans les idées mixtes, moitié fictives et moitié réelle, arrive à bien causer, à bien écrire, il parvient aux honneurs, à la postérité, il est cité par les générations comme type à étudier ; un jour, un homme se présente, qui dit à ces admirateurs : l'homme que vous glorifiez n'était qu'un grand enfant, qui parlait et écrivait bien la langue de son pays, mais qui était incapable par le vice de son instruction de savoir discerner le faux du vrai, le mensonge de la vérité. Cet homme est nécessairement pris pour un fou, par les admirateurs du défunt qui ont reçu la même instruction que lui, ne se doutant pas qu'ils sont des fous artificiels par le vice de leur instruction, qui leur apprend à raisonner avec un mélange d'idées fausses et d'idées réelles , ce qui serait à l'harmonie du chant un air joué avec un instrument qui ne rendrait que la moitié des notes.

C'est là l'école antique spiritualiste qui a établi ses intérêts sur des principes faux, enfantés par l'ignorance et l'ambition malhonnête, qui est parvenue à dominer les peuples par la force, la ruse et des promesses de jouissances chimériques, qui est l'obstacle à tout progrès, qui a persécuté et persécute tous ceux qui travaillent à ramener les hommes dans la vérité pour établir la raison.

Dans la lutte qui se continue entre le principe fictif asservissant et le principe réaliste émancipateur, il n'y a aucune entente possible, les conquêtes scientifiques restent inutiles, le principe d'ignorance imposera sa volonté aux écoles, aux individus, tant qu'il dominera par tous les moyens possibles, il est toujours le conquérant antique qui asservit et exploite. Si par hasard il est menacé dans sa domination, il appelle à son aide les pouvoirs similaires étrangers pour vaincre les rebelles et les appauvrir afin de mieux les asservir.

Les événements qui s'accomplissent de nos jours nous montrent les pouvoirs parasites tels qu'ils étaient dans l'antiquité, les changements qui se sont opérés dans la manière d'exprimer la divinité, symbole fictif, ne pouvaient rien changer dans la vie humaine, parce que la même fiction restait le principe déterminant. Quant à la récompense fictive promise par les différents déistes à leurs adhérents, elle a produit un fanatisme proportionnel à la somme de jouissances promises sans modifier la conduite des hommes qui ne tiennent compte que des lois civiles, à cause de leur châtiment réel,

Si les récompenses fictives ne changent pas la conduite des hommes, les peines fictives ne la corrige pas davantage, cela les rend hypocrites parce qu'ils espèrent par ruse éviter les peines d'outre-tombe, comme ils évitent les atteintes de la loi civile, mais cela les rend esclaves des pouvoirs parasites religieux qu'ils considèrent comme les délégués du pouvoir divin, ils obéissent à une force incomprise comme ils obéissent a x fonctionnaires du pouvoir parasite militaire parce qu'il est armé.

L'influence du spiritualisme a été funeste au progrès à cause de son principe faux, il a cédé à des idées réelles par la force des choses ; mais que de connaissances sont restées inachevées parce que les auteurs n'ont pas osé enfreindre la discipline réglementaire en subissant l'influence de leur première instruction, ils ont manqué de courage pour atteindre le but scientifique, ils se sont contentés de tourner autour des questions sans les résoudre.

Le phénomène des formations demande beaucoup d'instruction pour être compris, mais lorsqu'il est expliqué, il est facile de s'assurer que toutes les fois qu'une matière organique est en fermentation sous l'influence d'un foyer passif il y a formation de formes actives. Ce même foyer se continue dans l'être sous le nom de digestion, prend le nom de foyer actif parce qu'il alimente la forme de l'être et ses mouvements.

Pour se rendre compte de l'uniformité de la vie des êtres, l'expérience se présente d'elle-même dans la vie : tout milieu atmosphérique vicié

impropre à la combustion, l'est également à la vie
des êtres. Le foyer humain subit la loi générale,
l'esprit immatériel imaginé par l'ignorance devient
une fable grossière parce que rien ne peut exister
sans être matériel, les partisans intéressés de ces
fictions sont obligés de les rendre sensibles sous
des formes matérielles.

Si l'on regarde dans le ciel, on voit que le mot
n'a plus sa signification ancienne, il est devenu
synonyme d'univers, les histoires enseignées
comme vérités saintes se transforment en fables
enfantines, lorsque la réalité des choses apparaît
on voit les astres se former, vivre et mourir, suivant la même loi que les formes végétales et animales, qu'ils sont groupés par familles, de sexes
diff rents, les mâles fécondant les femelles ; toutes
les formes végétales et animales qui naissent à la
surface des femelles, sont le résultat chimique de
cet acte, quand même ces formes peuvent se reproduire entre elles ; elles cesseraient de pouvoir
exister s'il y avait interruption dans les rapports
entre l'astre fécondant et l'astre fécondé.

Dans les astres comme sur la terre, tout est
composé des mêmes matières qui varient dans leurs
combinaisons et leurs milieux d'existence, qui se
suffisent dans toutes leurs transformations, rien
d'extra nature ne peut exister, tout le merveilleux
disparaît, il ne reste que la poésie, ignorante ou
intéressée.

En examinant les effets des idées fictives parmi les peuples, on reconnaît que toutes les organisations qui en dérivent sont des corps parasites ou maladies sociales qui vivent aux dépens du travail des hommes qui ne reçoivent en échange que mensonge et ignorance, parce que toute organisation qui part d'un principe faux est condamné à mentir continuellement dans l'intérêt de son existence, la vérité-la détruirait comme la lumière fait disparaître les ténèbres.

Tant que les hommes par leur ignorance croiront à la vertu des fictions religieuses pour diriger les peuples, ils seront dans la situation d'un homme atteint d'une infirmité, qui préfère rester malade toute sa vie que de se laisser opérer parce qu'il redoute la douleur d'un instant.

Si les idées religieuses n'avaient pas été contraires aux lois naturelles, elles ont eu des interprètes de mérite qui leur auraient fait produire de meilleurs fruits ; mais les hommes ne peuvent s'élever au-dessus du rôle d'instrument des lois naturelles ignorées ou connues ; leur connaissance permet à l'homme de les imiter, de prévenir certains effets mais non de les braver.

C'est pour avoir ignoré ces lois que des hommes bien intentionnés n'ont produit que du mal lorsqu'ils croyaient travailler pour le bien ; ils ont fait comme un cultivateur qui sèmerait de l'ivraie pour

produire du froment ; ils seraient un instrument nuisible par ignorance. Si les hommes veulent être des
instruments utiles, il faut qu'ils connaissent le principe qui détermine leurs actes, comme ils connaissent le blé qu'ils sèment.

L'histoire de toutes les époques nous montre
la différence de conduite des corps parasites, et
l'enseignement de leurs préceptes, l'intérêt personnel et l'intérêt de corps déterminent leurs
actes sans que les préceptes écrits les modifient,
ils servent au contraire à tromper les peuples
qui y ont confiance au profit des corps parasites.

Le parasitisme humain dépasse en méfaits les
parasites inférieurs selon l'étendue de son intelligence, parce que les formes végétales et animales
ne demandent à celles qui les nourrissent que ce
qui est nécessaire à leur existence, tandis que les
hommes parasites prennent en sus pour satisfaire
leurs besoins artificiels et leurs vices.

Le parasitisme social est l'ennemi naturel des
sociétés, comme l'herbe naturelle est l'ennemie des
plantes cultivées ; instrument de la même loi, il
agit de la même manière, quoique d'organisation
différente, de sorte que la culture végétale peut
servir de règle pour la culture sociale ; de même
que les plantes naturelles tendent à vivre aux dépens des plantes cultivées et de les ramener
dans leur état primitif, les parasites humains sont

en conspiration permanente contre le progrès social. Il suffit qu'un homme utile entre dans l'un des
corps parasites pour qu'il devienne l'ennemi de
ceux restés utiles

Le parasitisme féodal, malgré les modifications
sociales n'a pas dérogé à ses principes, qu'il se
nomme noblesse ou bourgeoisie, le peuple demeure
toujours vaincu à rançon. S'il fait mine de vouloir
s'émanciper, la coalition du parasitisme européen
se forme pour détruire le foyer émancipateur, et
les massacres des populations se renouvellent au
nom du dieu commun, sauf à se battre entre eux
pour le partage des vaincus et de leurs dépouilles.

Si l'on prend un homme parasite isolément, il se
conduira dans les affaires ordinaires avec son caractère personnel ; mais aussitôt que l'on touche au
principe ou au corps résultat du principe duquel
il fait partie constituante, la raison s'efface et la
folie s'empare de lui, il sacrifie sans s'en douter son
intérêt, celui de sa famille, à celui du corps parasite qui détermine sa conduite.

Cet état mental se développe dans toutes les classes sociales lorsqu'un événement déterminant a
lieu. Ainsi la lutte entre les différentes classes parasites et entre les peuples s'accomplit sans que la
raison intervienne, la force animale seule fait loi,
avec la ruse pour auxiliaire. Les hommes qui ont
usé leur existence à étudier et à pratiquer le mal
sont incapables de comprendre le bien.

Il résulte que les massacres d'hommes dans les guerres sociales, au lieu d'êtres des victoires avouables, deviennent des défaites, parce que les peuples qui ont prêté leur concours par ignorance finissent par sentir les charges qui en résultent et cherchent à s'en délivrer.

La conduite des parasites a cela de particulier, ils sont malfaiteurs par principe, par intérêt de caste ou de corps, sans que leur conscience modifie en rien leur conduite malfaisante ; seulement lorsqu'ils ont imposé leur volonté aux vaincus, la réflexion leur fait craindre les représailles, ils leur demandent leur amitié et l'oubli du passé, ils raisonnent comme l'ivrogne qui pleure du mal qu'il a fait pendant son ivresse, mais s'enivre toujours. La folie artificielle produit les mêmes effets quoique provenant de causes différentes.

Cette folie hypocrite ou intéressée se continue dans tous les actes du parasitisme, il impose des lois injustes, il veut qu'elles soient respectées comme si elles étaient justes, il prélève des impôts iniques et veut qu'ils se payent comme s'ils étaient justement dûs ; ce qu'il perçoit est sans limites comme son ambition, il n'y a aucune justice dans ses actes, la force seule lui fait obstacle ; cette conduite est aussi celle des hommes ignorants qui emploient la ruse animale en affaires, ils se croiraient déshonorés s'ils traitaient le moindre marché sans boire, parce qu'ils espèrent se tromper réciproquement à l'aide de la boisson.

Le parasitisme uni à la bourgeoisie exploite le prolétaire sous toutes les formes, ils sont persuadés que celui qui ne possède rien n'est pas de la même nature qu'eux, ils le traite comme un animal domestique destiné à la satisfaction de leurs besoins, devant rester éternellement en dehors du droit commun ; pour le rançonner, on a imaginé les octrois des villes ou vol à la barrière.

Pour justifier ce vol, on donne brutalement la raison du besoin ; ce sont ceux qui possèdent qui invoquent leurs besoins pour prendre à ceux qui ne possèdent pas ; ils ne peuvent en donner d'autres, le vol n'a pas d'autres mobiles. Les lois existantes le constatent puisqu'elles puniraient un propriétaire isolé qui se permettrait une semblable action.

Ainsi voilà des hommes qui ne parlent que de leur justice, de leur religion et de leur morale, tous ceux qui ne pensent pas comme eux sont traités en malfaiteurs, eux qui pratiquent sciemment le mal par la raison qu'ils peuvent le faire impunément ; ne pouvant donner de bonnes raisons, ils embrouillent la question en disant aux prolétaires qu'ils jouissent de la partie communale.

Ces ruses démontrent le peu de cas que l'on fait des hommes faibles par ignorance, et la valeur des lois écrites appliquées par des hommes armés;

toutes les formes étant absolues, il est aussi facile
de rétablir le droit relatif écrit dans sa forme réelle
que s'il était intégral.

Dans la commune-ville, celui qui n'y possède
rien n'est qu'un passager comme tout les passagers
qui y habitent en payant un loyer pour leur habitation ; le propriétaire qui loue un appartement
loue en même temps le droit de circuler sur la voie
publique, le contraire ne pourrait se faire, des
maisons sans aboutissants et des aboutissants sans
maisons sont nuls, la partie communale d'une ville
ne peut appartenir qu'à ceux qui possèdent les parts
partielles puisque le tout constitue un seul et même
corps, le locataire ne doit donc rien à son propriétaire en dehors du prix de sa location• par conséquent rien à la commune qui en est le multiple, la
différence des nombres ne change rien au droit.

Si de la commune nous passons à la nation, les
mêmes méfaits s'y reproduisent sous d'autres
formes, le prolétaire n'a pas de patrie, puisqu'il ne
possède que sa personne qui n'est pas en cause
depuis l'abolition de l'esclavage, il ne doit donc à
l'État que les impôts généraux qui incombent aux
étrangers comme aux nationaux, il ne peut avoir
pour devoir de défendre une chose qui lui est
étrangère et on lui donne, en échange du temps et
du sang qu'on lui prend, le droit d'entrer dans ce
qu'on appelle les fonctions publiques, qui sont pour

lui la domesticité parasite dans toutes ses ramifications, ce qui fait que les prolétaires deviennent les ennemis de leurs frères de caste.

Si l'on examine l'utilité du prolétariat pour les parasites et les possesseurs, on comprendra la résistance que l'on rencontre pour parvenir à sa suppression, il est le résultat de la débauche humaine et son principal aliment ; les lois qui règlent la famille, qui est la base sociale, sont doublement constituées sous le titre d'enfants naturels, qui est la conséquence de la dépossession.

En rédigeant des lois aussi absurdes qui dénaturent les faits, les hommes ont subi l'influence de toutes leurs passions, ils ont compris que la fortune qu'ils avaient prise n'aurait aucune valeur s'il n'y avait pas des gens pour travailler et leur servir de jouets dans leurs plaisirs.

Si l'on considère la marche des peuples depuis l'alliance des chrétiens avec Clovis, roi des Francs, qui a été le point de départ de l'Europe actuelle, la seule différence qui est résulté pour les peuples de cet événement est la transformation de l'esclavage en servage, les hommes faisaient partie du domaine comme les autres animaux et les parasites appelaient cela la suppression de l'esclavage.

Ces troupeaux humains façonnés par le parasitisme ne connaissaient rien au-delà de leur horizon visuel ou le chemin qu'ils parcouraient en temps de guerre ; le domaine où ils naissaient était leur monde, ils le défendaient par instinct de conservation comme font les chiens, sans avoir conscience d'une autre situation.

Les villes industrielles qui n'avaient pas d'attaches féodales à vaincre, se sont constituées en communes, et les villes maritimes, par imitation des anciennes, se régissaient sous le nom de république, sans s'inquiéter de la signification du mot : les mots de commune et de république étaient appliqués à des organisations qui n'étaient ni communales ni républicaines.

La corruption dans les mots est l'effet de la corruption dans les idées, l'organisation qui en résulte est née corrompue, vit et meurt dans cet état.

Le roi, tête du parasitisme armé, a fait dans son intérêt la guerre à la féodalité et a été amené par la force des choses à améliorer la situation des paysans pour s'en faire un appui.

Mais comme le pouvoir royal était aussi lourd à porter après qu'avant et que le cadre des cités communales était trop étroit pour se prêter au progrès qui s'accomplissait, la nécessité a obligé les hommes à démolir le moyen-âge pour construire à nouveau avec une organisation nouvelle.

La révolution de 1789 a été la fin du moyen-âge, qui a transformé les serfs en prolétaires, rendu

8

la propriété transmissible et l'égalité de droit dans les familles. Cette réforme incomplète ne pouvait être que le point de départ de nouvelles difficultés, le champ de conquête étant sans limites l'ambition humaine pouvait user de tous les moyens.

Les effets de cette situation se développèrent aussitôt. La royauté et ses partisans cherchant à rétablir leur ancienne position, appuyés par les royautés étrangères et les révolutionnaires non satisfaits, n'avaient pas de la peine à exciter le peuple qui souffrait du désordre général qui aboutit à la chute de la royauté, qui fut remplacée par une chambre sous le nom de Convention nationale, avec le titre de République.

Voilà une assemblée nombreuse qui contenait beaucoup d'hommes instruits, qui prend un faux titre, lorsqu'il lui était possible de l'appliquer dans la véritable signification ; elle se constitue pouvoir parasite, condamne le roi et la reine à mort, fait mourir le fils en prison. N'ayant point de quartier à attendre de la part de ses adversaires, elle combat avec le courage du désespéré, et finit par s'entre-détruire par ambition, comme les animaux pour une proie.

Les événements sont toujours les résultats d'une situation qui s'établit lentement ; c'est aux hommes dirigeants de savoir en tirer partie, parce qu'il s'établira ensuite des situations contraires qui rendront la combinaison cherchée beaucoup plus difficile à établir.

Si au lieu de jongler avec le mot république, l'assemblée l'avait appliqué dans sa véritable signification, les neuf dixièmes de la population, qui en profitaient, devenaient par intérêt les défenseurs de la chose commune. Cet exemple aurait déterminé la même réforme chez les autres peuples qui auraient détruit eux-mêmes leur parasitisme hostile à la France ; mais faire des révolutions de palais, changer les hommes, sans modifier les intérêts, c'est continuer le vieux monde et ses conséquences.

Un gouvernement établi sur un principe faux, discutables dans toutes ses parties, ne peut aboutir qu'à une impasse, les persécutions, les crimes ne le sauveront pas ; les hommes intimidés dans le commencement de la lutte, s'y habituent et finissent par se retourner contre ceux qu'ils servaient, parce qu'ils n'ont pas obtenu dans le courant de la lutte les satisfactions qu'ils en attendaient.

Ce désordre administratif, sous le nom de république, aboutit au 18 brumaire où un gouvernement d'ordre remplaçait un gouvernement de désordre ; il n'y avait pas plus de république avant qu'après, celui-ci se fit empire sans qu'il y eut rien de changé, que certaines modifications dans la forme.

L'Empire était le défenseur des progrès acquis ; comme les gouvernements qui l'avaient précédé, il en fut le plus puissant propagateur et ne put obtenir la paix devant la haine des souverains étrangers et des partis français qui faisaient cause commune, avec eux pour reconstituer l'ancien régime. Si la résistance de l'Empire avait été moins longue, la restauration des Bourbons eut rétabli les choses comme sous Louis XVI, mais les intérêts avaient été tellement mêlés, qu'il fallut se contenter d'un milliard de rançon qui a fait école, les étrangers étaient distancés par la rançon nationale.

Un autre trait de cette époque qui a aussi fait école : ce sont les volontaires royalistes qui assassinaient sur les routes les soldats épargnés sur les champs de batailles, lesquels étaient obligés de se déguiser comme des malfaiteurs pour se rendre dans leurs familles.

Ce sont ces faits de la part des Bourbons, avec leur participation à la sainte alliance des rois contre la France, qui ont déterminé la révolution populaire de 1830.

Cette révolution a été détournée de son but par les francs-maçons et les carbonari, qui ont mis leur chef sur le trône ; la branche cadette des Bourbons, est aussi coupable que l'aînée envers la France, puisqu'elle a eu sa grosse part du milliard, quoiqu'il ne lui fut rien dû.

Ce roi qui est parvenu par la trahison envers ses parents qui furent ses bienfaiteurs, a agi de la même manière envers tous ceux qui avaient participés de bonne foi à la révolution; le jeune Thiers, qui devait être l'homme le plus fatal à son pays, exerçait sa jeune activité dans l'art des révolutions de palais et des guerres civiles, qui devaient être sa spécialité jusqu'à son dernier jour.

Cette royauté, tombée le 24 février 1848, fut remplacée par un gouvernement de désordre, sous le nom de République, mais ce gouvernement de désordre avait un souffle de progrès qui ébranlait tous les trônes. Lamartine, le poète honnête, chantait le patriotisme avec son beau langage, mais les vaincus ne perdaient pas leur temps, ils avaient pris leurs masques de circonstance, et lorsque l'armée fut reconstituée, la garde nationale entre bonne main, on renferma les révolutionnaires dans un cercle et on les massacra sous le nom de Journées de juin.

Cet événement perdit le gouvernement, le peuple se détourna de Cavaignac, président provisoire, qui avait dirigé la force publique, pour se porter sur Louis-Napoléon, qui eut les neuf dixièmes des voix pour l'élection à la présidence.

Les orléanistes, qui s'étaient fait nommer députés sous le titre de républicains, étaient en majorité à

la Chambre, se voyant abandonnés par le peuple,
se donnèrent une garde et formèrent le projet
d'un coup d'Etat : ils devaient s'emparer du président de la République et l'enfermer à Vincennes.
Le président, qui était sur ses gardes, les prévint
et les vainquit le 2 décembre et fut applaudi
par la majorité qui l'avait nommé.

Cette révolution est celle qui a le plus profité à
la France et à l'Europe ; Napoléon III, en appliquant dans la pratique les idées démocratiques de
son époque, a été le principal initiateur de la transformation qui s'est opérée dans la manière de vivre
et dans les situations : les vieilles habitudes batailleuses on fait place à des fréquentations paisibles,
les grandes réductions sur les impôts indirects,
sous le nom de libre-échange, en réduisant le
prix des denrées, les fit pénétrer dans la consom-
mation générale, ce qui produisit un développement inconnu avant cette époque dans le commerce et l'industrie, qui eut pour résultat un bien-
être général qui n'avait jamais existé.

La guerre de Crimée eut pour résultat l'affran-
chissement des serfs par le gouvernement russe ;
celle d'Italie, la libération du territoire italien de
la domination de l'Autriche; celle de la Chine et
du Japon a ouvert ces peuples au commerce général, il ne reste que les peuplades de l'Océanie,
d'une grande partie de l'Afrique et de l'Amérique

du Sud qui ne participent pas au mouvement général.

Le second Empire français, en combattant pour le droit et les peuples, a été la période de progrès et de prospérité la plus extraordinaire qui se soit produite dans le monde. Si les partisans de la force qui ont travaillé à sa chute en renouvellant leur sainte alliance de 1815 ont cru remporter une victoire avantageuse, ils se sont grossièrement trompés ; l'assassinat du fils de Napoléon III par les Anglais n'arrêtera pas mieux la marche des idées que l'assassinat du fils de Napoléon Ier par les Autrichiens. Tous ces crimes ne font que précipiter la décomposition du vieux monde qui aurait pu vivre encore longtemps dans la belle situation qui a disparue.

La politique d'un peuple dérive de sa situation géographique, qui en détermine la marche. Le premier Empire a suivi la même marche politique que tous les gouvernements qui l'avaient précédé ; on l'a forcé d'être conquérant dans l'intérêt de sa sécurité, en le harcelant continuellement, pour user ses ressources, le parasitisme féodal préférait la ruine générale des peuples à la perte d'une partie de ses droits de conquête,

Le second Empire a suivi la même politique nationale, en évitant tout soupçon de conquête ; il a, au contraire, aboli la rançon et la conquête, en laissant les peuples libres de s'unir selon leurs intérêts. Ceci était encore plus criminel aux yeux des autres souverains qui ne peuvent pas appliquer ce principe, parce qu'ils ont des populations qui s'éloigneraient d'eux, si la force qui les a conquises cessait de s'appesantir sur elles.

Le second Empire a eu beau démontrer à l'Europe, qu'avec les échanges qui se sont établis entre les nations, leur prospérité était solidaire, l'appauvrissement de l'une détermine celui des autres. Le même parasitisme n'a tenu compte que de son intérêt de caste, qui a eu l'appui de la franc-maçonnerie pour tromper les peuples.

Pour nous rendre compte des événements sinistres qui se sont accomplis en France, depuis 1870, il est nécessaire de séparer les causes diverses qui les ont déterminées.

Les acteurs de la révolution de 1848 ne surent rien établir de mieux que le gouvernement qu'ils avaient remplacé. Les partisans de la royauté déchue, qui n'étaient pas ou peu connus du public, n'eurent qu'à se présenter au suffrage universel, sous le titre de républicains, pour être élus, et, aussitôt en majorité, ils reconstituèrent l'armée, nommèrent le général Cavaignac président et massacrèrent les révolutionaires dans les journées de juin.

Quoique le suffrage universel soit facile à trom-

per, cet acte, de la part des faux républicains, le
détourna du président orléaniste pour le porter
sur le prince Louis-Napoléon, qui eut les neuf
dixièmes des voix.

Après ce vote, les députés nommés sous un
faux titre, ne représentèrent plus qu'un dixième
des électeurs ; voyant que le pouvoir allait leur
échapper une seconde fois, ils se votèrent une
garde, et, se croyant assez forts, ils voulaient
s'emparer du président nommé par le suffrage
universel et furent vaincu par lui le 2 décembre.

Si les vaincus avaient réussi dans leur projet, il
y aurait eu un coup d'Etat, puisqu'ils se seraient
emparé du pouvoir contre la volonté nationale.
Mais le détenteur du pouvoir élu par la nation
étant demeuré ce qu'il était par la volonté nationale, il n'y a donc pas eu de coup d'Etat et le titre
d'empereur, qui a succédé à celui de président,
était la conséquence du premier vote, confirmé
par un second.

Ce vote du suffrage universel inspiré par une
situation désordonnée, a été celui qui a produit les
plus heureux résultats pour la France et pour l'Europe. Ce pouvoir donné à un homme qui dominait
celui des autres corps électifs, lui permit d'appliquer les idées de l'époque ; d'obliger l'industrie à
transformer son outillage arriéré d'un demi-siècle
sous la protection et de lutter avantageusement
dans la liberté,

Les droits sur les matières premières et les denrées alimentaires, réduits à un minimum qui était insignifiant dans la prospérité générale qui se développait avec une grandeur inconnue avant cette époque.

L'amélioration des communications par les chemins de fer, qui ont donné de la valeur aux produits locaux en multipliant les échanges, qui ont permis aux populations rurales de participer à un bien-être qui leur était inconnu auparavant.

La police, mieux organisée, a fait disparaître les vieilles habitudes batailleuses entre les jeunes gens des communes voisines, entre les divers compagnonnages, les différents quartiers d'une ville, les soldats d'armes différentes ; la France était devenue une nation compacte.

L'union française et la prospérité extraordinaire qui s'est produite sous le second Empire ont permis à Napoléon III de faire de grandes guerres dans l'intérêt des peuples, de supprimer la conquête et la rançon instituée par la barbarie, de faire plus de travaux utiles pendant la durée de son règne qu'on en avait jamais fait pendant la durée d'un siècle.

Ce progrès et cette prospérité, qui faisaient de la France la tête et le banquier de l'Europe, ont ébranlé l'intelligence des rois de la Sainte Alliance et déterminé la convoitise de tous les malfaiteurs.

Pour qu'un acte aussi bestial que celui de 1870 se soit accompli dans des conditions barbares qui dépassent les événements du moyen-âge, il a fallu que les souverains des races barbares qui régnaient en Europe et leurs conseillers fussent d'une incapacité complète, quoique leur devise soit de diviser pour régner et d'appauvrir pour dominer ; ils avaient toujours couvert leurs méfaits en invoquant une intervention divine ; ils n'avaient jamais jeté à la face des peuples ce cri d'oiseau de proie que la force animale était leur seul guide. Ce défi, jeté à l'humanité par un homme ivre de butin et d'alcool, qui signifie aux peuples qu'ils seront éternellement les serfs des rois de la féodalité, démontre que le grand malfaiteur n'a eu que l'intelligence nécessaire pour l'accomplissement des méfaits que de nombreux complices lui ont rendus faciles ; mais comme tous les malfaiteurs vulgaires, suivant une tentation, il n'a eu aucune idée des conséquences de ses actes.

Dans le cours de ces événements, on cherche en vain un homme de génie pour prévoir l'avenir qui en résulterait ; on ne rencontrait que des malfaiteurs convoitant une proie ; l'individu ne voyait que le triomphe de son intérêt, celui de sa secte ou de sa caste, ce que le mot patrie défini était la proie convoitée.

Pour qu'une nation comme la France, dans une

situation de fortune exceptionnelle, tombe dans
un état de décomposition comme un cadavre, il a
fallu un travail persévérant de la part des conspirateurs, qui se servent toujours du mensonge qui
dénature les faits et détermine la folie chez les
individus.

La vérité historique d'un peuple, qui devrait
être la chose la plus respectée, pour servir à l'instruction des générations, est au contraire faussée
par l'esprit de secte ou de parti, ou écrite par des
hommes incapables de donner le véritable caractère des faits, parce que les causes déterminantes
leur échappent.

Comme c'est l'idée religieuse qui détermine la
plus grande folie chez les peuples, c'est par elle
que l'on façonne les hommes pour les rendre propices à l'usage que l'on veut en faire, comme on
dresse les animaux domestiques ; les hommes,
une fois endoctrinés, accomplissent une bonne ou
mauvaise action avec la même ardeur ; leur intelligence ne les distingue des autres animaux que
par l'excès de leur conduite.

Avant la révolution de 1789, les causes de con-
flit entre les nations européennes étaient moins
nombreuses, les princes de races barbares domi-
naient sans exception, les guerres n'avaient de
prétextes que le vol, et les idées religieuses
étaient toujours le moyen employé pour fanatiser
les hommes.

Malgré cette longue série de siècles qui s'est écoulée depuis la chute de l'empire latin, le mélange des races, cette longue nuit barbare de la féodalité et la longue lutte entre les rois et leurs vassaux pour parvenir à l'orgie de l'absolutisme, les peuples et les situations sont demeurés ce qu'ils étaient avant la chute de l'empire latin.

Cette longue histoire démontre que les pouvoirs établis sur le principe de la force brutale en subissent les conséquences comme les autres animaux, que leur intelligence ne s'exerce que sur les moyens pour parvenir au but désiré : le vol.

La Révolution française, qui a émancipé la race latine de la servitude barbare, a changé la manière de procéder des rois barbares ; ils continuent bien de s'assassiner et de se trahir en famille, mais le danger de l'idée nouvelle les oblige de vivre dans une solidarité plus étroite pour sauver leur situation compromise ; ils ont donné à cette union le titre de Sainte-Alliance pour tromper les ignorants.

L'incapacité des révolutionnaires français, qui croyaient qu'il suffisait de changer les noms des choses sans changer les principes pour que la révolution sociale fut accomplie, les a poussé a s'entretuer les uns les autres, et les survivants, qui ont pris le titre de Directoire, n'étaient qu'une saturnale sans autre guide que la force du nombre qui a donné lieu au coup d'état du [18 brumaire, désiré et applaudit par la nation.

Cet acte extra-constitutionnel, qui a été utile à la nation en la délivrant d'un pouvoir composé de malfaiteurs en débauche, ne peut être qualifié de méfait, parce qu'un méfait est nuisible ; on ne peut aussi accuser le général Bonaparte d'avoir rétablit la nation française d'après les règles monarchiques, puisque les révolutionnaires qui pouvaient appliquer le droit qui aurait terminé la période révolutionnaire en France et déterminé des réformes semblables chez les autres peuples n'ont pas su le faire.

L'histoire indique que si un homme de la valeur de Napoléon Ier n'avait pas pris la direction de la France, elle aurait été envahie à cette époque, et replacée dans la situation où elle était sous Louis XVI. La longue résistance de Napoléon a été la cause que les modifications qui s'étaient faites ont été respectés et que les émigrés se sont constitués une nouvelle fortune par la rançon d'un milliard.

La restauration de 1815 démontre la puissance des principes et l'inutilité des révolutions en dehors du droit, les abus se reconstituent parmi les peuples, comme l'herbe naturelle dans un champ mal cultivé, et les peuples qui aspiraient à une situation meilleure n'ont que de nouvelles charges à supporter.

Dans un mouvement désordonné les hommes se conduisent plutôt par ambition et lâcheté que par bravoure. Ce qui fait que les briseurs de cloches, les démolisseurs d'églises et de [châteaux, étaient plus fervents royalistes et religieux que les émigrés; ils se sont en grande partie fait anoblir pour faire oublier l'origine de leur fortune de hasard qui leur avait si peu coûtée et qu'ils craignaient de perdre.

Pour suivre les effets d'un principe, il ne faut pas s'occuper des événements secondaires qui ne sont que des accidents comme les rochers et les îlots dans le courant d'un fleuve, le principe qui domine en Europe date de l'alliance de Clovis avec les chrétiens; cette union a été le point de départ de l'Europe chrétienne, parce que les chrétiens établis dans toutes les contrées étaient le dissolvant de tous les pouvoirs qui professaient un autre culte.

Les chrétiens, une fois prépondérants, faisaient les dynasties et leur durée, selon leur intérêt; lorsque l'une avait donné ce qu'elle pouvait, ils la remplaçait par une autre qui pouvait donner davantage ; les guerres intestines entre les princes n'étaient que des accidents qui leur étaient favorables parce que la division des princes était nécessaire à leur domination.

Pour établir la domination chrétienne sans espoir

de retour au paganisme, les chrétiens ont détruit les manuscrits qui auraient pu révéler aux hommes les connaissances disparues, la terre classique des arts et des lettres a été transformée en une terre de barbarie où le brigandage était la loi commune des barbares conquérants qui avaient réduits à l'état d'animaux domestiques la population conquise, et le clergé dominait et exploitait tout cela par la peur, qui était le résultat de l'ignorance.

Cette nuit de quatorze siècles, qui aurait dû s'éclairer à la révolution de 1789, n'a été qu'une aurore trompeuse, parce que les hommes n'ont pas su changer de principes, remplacer le mensonge qui détermine la formation des sociétés parasites forcément malfaisantes.

Cette victoire de la race latine contre la barbarie, qui aurait dû être le point de départ de l'application du droit n'a été que la résurrection du soi-disant droit romain, comme si les peuples divisés en castes pouvaient avoir un droit, comme si les conditions imposées par les vainqueurs aux vaincus pouvaient être équitables, puisque le bénéfice que les vainqueurs en retirent a été la cause déterminante de la lutte.

Si après quatre-vingt-dix ans de lutte, les Français, malgré les progrès scientifiques, sont demeurés dans le même état d'ignorance historique et politique, c'est que le mensonge est toujours l'arme des partis et des sectes, les hommes qui écrivent des histoires manquent généralement des connaissances profondes qui font les hommes indépendants et écrivent des œuvres nulles ou dans un intérêt de parti.

Lorsqu'on lit ces histoires de France que l'on enseigne dans les écoles, qui par leur abréviation permettent au professeur de les commenter à ses élèves selon les intérêts de son parti ou de sa secte, cela explique l'état moral des Français et de leur ignorance historique, qui les fait ressembler à une nation d'aliénés voyant les choses chacun d'un point différent.

Chaque événement étant la conséquence d'une cause déterminante, si l'histoire ne fait que décrire les faits et les dater, les hommes qui lisent ces histoires n'apprennent rien, parce que les causes qui les ont déterminé demeurent inconnues et rien ne leur indique de se conduire autrement pour les éviter.

Le mensonge étant le langage des malfaiteurs de tous les degrés, les jeunes gens qui sortent des écoles, pour se garantir de l'influence du mensonge historique, auraient besoin de lire une histoire détaillée et de se rappeler des événements principaux et des causes déterminantes, afin de pouvoir juger

9

les choses exactement sans que la ruse des malfaiteurs puisse influencer leur jugement.

En suivant l'histoire des peuples, on voit que les lois naturelles s'y accomplissent régulièrement, malgré leurs lois artificielles, et que les religions qui leur promettent des jouissances éternelles après leur mort, leur servent de prétextes et de ruses pour accomplir leurs méfaits intéressés.

Les hommes façonnés dans des sectes diverses et des partis différents deviennent ennemis entre eux, comme s'ils étaient des animaux carnivores de différentes races, et la satisfaction naturelle est toujours le premier besoin qui ne s'oublie pas.

Le vol est toujours le mobile caché, ce qui fait que les peuples, les sectes, les partis, se conduisent comme les autres animaux, ils combattent pour vivre aux dépens des vaincus, vont prendre où il y a à prendre; la seule différence qui existe entre les hommes et celle des animaux, c'est que ceux-ci agissent pour satisfaire aux nécessités de leur existence et que les hommes le font plutôt pour la satisfaction de leurs penchants nuisibles, qui les poussent à la folie, et invoquent pour justifier leur orgie criminelle le principe fictif de leur plus grande folie, qu'ils font adorer à leurs victimes, auxquelles ils promettent des illusions en échange des réalités qu'ils leur prennent.

Cette transformation d'hommes de la même famille, de la même commune, de la même nation, en ennemis mortels, par le mensonge qui leur apprend à pratiquer le meurtre et le vol en grand, qu'ils qualifient de glorieux, qu'ils punissent chez l'individu, est la conséquence de l'organisation des peuples, qui a pour base la force animale et la ruse qui l'accompagne.

Ce qui rend les nations ennemies les unes des autres, ce n'est pas l'union intelligente des territoires dans un intérêt général, c'est le vol brutal de la part des pouvoirs parasites religieux et militaires qui façonnent les peuples par le mensonge, comme les chasseurs façonnent leurs chiens.

Les effets qui se produisent entre les nations, se produisent entre les sectes et les partis de la même nation, et les haines augmentent d'intensité à mesure que l'espace de la lutte diminue d'étendue.

La France est le pays qui offre l'exemple le plus tenace des luttes intestines, son histoire se compose de guerres extérieures et intérieures; dans les guerres extérieures, la secte ou le parti le plus faible a toujours fait cause commune avec les ennemis étrangers. La patrie a toujours été la proie disputée selon l'ordre des intérêts, qui est intérêt personnel, de secte ou de caste; la patrie n'est défendue que par ceux qui l'administrent, parce que c'est leur intérêt ; ceux qui le font par profession et ceux qui le font par force ; les volontaires sont des exceptions.

Chaque secte, chaque parti, pour façonner ses partisans, est obligé de mentir continuellement en accusant ses adversaires des maux qui résultent de la lutte commune, et il arrive que les faits historiques sont dénaturés par la secte ou le parti dominant, lorsqu'ils sont contraires à sa domination, et par les sectes et les partis qui conspirent dans leur intérêt ; alors ils ont le soin de se poser constamment en victimes lorsqu'en réalité ils sont criminels.

Le moyen employé par les conspirateurs est très-simple, ils isolent leurs défaites des causes qui les ont déterminées et font ressortir que leurs vainqueurs sont des malfaiteurs qui les ont massacrés par haine et par trahison ; le peuple, qui ne connaît pas l'histoire, les prend en pitié et se retourne contre les siens, devient le complice de ses ennemis sans s'en douter.

Le peuple français, par son ignorance, est constamment la victime des contradictions historiques, religieuses et politiques ; lorsqu'il croit faire une révolution dans l'intérêt national, il la fait dans l'intérêt d'un parti qui lui est plus hostile que celui qui a été vaincu, parce que sa faiblesse numérique et ses alliances étrangères l'oblige à mentir pour cacher sa situation.

Le fait historique qui a servi de base aux sectes qui sont en minorité en France, c'est le massacre de la Saint-Barthélemy et la révocation de l'Edit de Nantes : le premier a été publié et représenté sur la scène avec l'exaltation musicale ; pour le second, on représente constamment le préjudice qui en est résulté pour la nation, et aussi le souverain catholique et ses partisans, d'être les auteurs volontaires de ces calamités.

Si au lieu de citer les faits isolés on citait l'histoire, on verrait que les protestants de France ne se sont pas contentés d'être une secte religieuse, ils ont toujours été un parti politique conspirant et guerroyant pour s'emparer du gouvernement de la nation, alliés avec leurs coreligionnaires étrangers, et que les faits dont ils se plaignent sont la conséquence logique de la situation des deux antagonistes. Celui qui attaque par trahison, autorise par ce fait son adversaire à user des mêmes moyens.

Lorsqu'une secte où un parti qui n'a pas réussi dans ses tentatives vient dire au public qu'il s'occupait de ses intérêts, que sa défaite a été la cause d'un grand préjudice pour la nation, il ment et conspire toujours, les partis et les sectes ne considérant une nation que comme une proie à conquérir. Pour que le progrès puisse s'accomplir, il faut que les affaires publiques s'étudient librement dans chaque commune et traiter en ennemi tous ceux qui s'écartent de cette règle.

Si nous n'avions pas les principes pour nous guider, les faits suffiraient pour nous éclairer. Lorsque les protestants se sont révoltés après la mort d'Henri IV, pour se faire donner vingt millions, la moitié des économies faites sous le règne de ce roi, ils savaient bien qu'ils n'étaient pas la moitié de la nation, ils n'ont pas reculés devant le vol.

Trois siècles se sont écoulés, dont un de révolutions successives ; les deux folies religieuses qui se disputaient le pouvoir se le disputent encore avec la même haine ; lorsque le pouvoir est tombé entre les mains de la race latine ou dans les mains d'un souverain de cette race, toutes les branches de la famille barbare des Capet et les sectes religieuses s'alliaient avec les souverains de l'Europe contre le gouvernement latin qui régnait sous le nom de république, ou les souverains latins qui régnaient sous le nom d'empereurs, parce que la révolte de la race conquise contre la race conquérante est un exemple qui peut se communiquer aux peuples barbares et leur donner l'idée de se délivrer de leur parasitisme féodal, aristocratique et religieux.

Dans cette lutte entre la race latine révolutionnaire et la race barbare, il ne peut y avoir de

trève que lorsque la race latine, est victorieuse.
Vaincue, c'est la suppression de son gouvernement,
qu'il se nomme république ou empire, pour les
remplacer par des princes de race barbare, qui dans
leur intérêt sont toujours alliés avec leurs complices étrangers contre les latins.

Si 1870 n'a pas été conforme à 1815, cela tient
à la question religieuse ; Napoléon III, élu par la
nation, ne pouvait pas être le souverain d'une
secte ; la France étant la première nation catholique, en défendant la France, il défendait forcément le catholicisme, tant que la majorité était
catholique.

Sans s'occuper des détails historiques, on peut
toujours suivre la marche des partis et des sectes
par la conduite des hommes qui leur servent de
drapeaux.

Voltaire est le premier drapeau saillant des
orléanistes, à la tête des sectes ennemis du catholicisme. Ce n'est pas à cause de la valeur de ses
nombreux écrits qu'ils l'ont choisi, mais à cause
de ses rimes grossières, qu'il a faites pour insulter
le catholicisme et pour flatter la haine de son hôte
Frédéric II. Un honnête homme indique à ses
compatriotes la meilleure voie pour parvenir à la
civilisation, mais ne fait pas cause commune avec
les ennemis de son pays.

Jean-Jacques Rousseau a été aussi pris pour

modèle parce que ses écrits politiques sont sans importance et que l'histoire de ses amours et de sa vie, qu'il aurait dû cacher, constituent un scandale dans la vie publique.

Mirabeau, l'avocat qui n'avait pour conscience que la satisfaction de ses penchants, a été glorifié pour ses attaques contre la royauté, qu'il voulait défendre après et qui a eu la chance d'éviter la guillotiné en mourant avant l'heure.

Ils ont fait du royaliste Lafayette un républicain, parce qu'il avait combattu en Amérique. Sa rentrée avec les émigrés, la part du milliard des émigrés et sa trahison en 1830, en faveur de son ami qu'il fit roi, n'empêche pas ceux qu'il a trompé de l'honorer.

Châteaubriand, qui avait été le chantre de la Sainte-Alliance et l'insulteur de Napoléon Ier, était à l'apogée de sa gloire en 1830, glorifié par la jeunesse qui sortait des lycées et des écoles supérieures, aujourd'hui ses œuvres n'inspirent que la pitié et le mépris.

Victor Hugo, qui a rempli le même rôle contre Napoléon III, est glorifié par ceux qu'il a servi, n'aura pas d'autre renommée après sa mort que son premier modèle, ses œuvres sont aussi nulles.

Il n'est pas nécessaire de faire partie d'une secte ou d'un parti pour savoir quelle sera leur conduite dans un cas donné ; elle sera toujours la conséquence naturelle de leur situation : commune au début contre le plus fort, et hostile entre eux après la victoire.

Dans une réunion d'hommes procédant de la même idée pour parvenir au même résultant, il s'y établit des jalousies ; lorsqu'une réunion se complique de sectes et de partis, la trahison entre les conjurés y existe en principes divers, les effets sont inévitables.

C'est cette union de sectes et de partis hostiles qui donne un caractère sans comparaison à la prétendue défense nationale ou Gambetta jouait le rôle de bouffon de mélodrame, bouffonnerie qu'il a continuée plus tard en Tunisie.

Décréter des armées pour défendre une république qui n'existe pas, les faire commander par des royalistes, qui sont les ennemis d'ure république, qui ne demandaient que la destruction de cette jeunesse qui avait été façonné au nom de république, c'est une manière de faire la guerre inconnue dans le passé.

Envoyer des troupes sans instruction, mal habillées, manquant de nourriture, parce qu'elle était expédiée au midi lorsque les troupes étaient au nord ; faire passer les bonnes armes aux étrangers et donner les mauvaises aux troupes nationales qui étaient placées devant les troupes étrangères, sans direction, cela était la conséquence des situations.

Les deux partis royalistes ne pouvaient pas faire la guerre aux Allemands qui étaient leurs alliés et leurs protecteurs, puisqu'ils ne pouvaient parvenir au pouvoir que par eux, après la chute de l'empire et la destruction du parti républicain, leur allié de circonstance contre l'empire,

S'il y a eu dans cette coalition des hommes qui ont cru à une défense sérieuse, cela démontre leur ignorance en politique, où la perversité est la qualité dominante. Lorsque dans le traité de paix on a obligé Jules Favre à sacrifier l'armée de l'Est, la seule qui existait encore, parce qu'elle était entachée de républicanisme, en est déjà une preuve convaincante.

Si ces exemples étaient insuffisants pour beaucoup de gens, le massacre dans Paris, qui devait être le tombeau d'une république renouvelée de la première, comme les journées de juin furent celui de celle de 1848, aurait dû les éclairer sur la valeur de la défense et leur empêcher de continuer à être dupe d'un mensonge.

Les moyens employés pour préparer l'opinion publiques à ces massacres humains, sont toujours les mêmes ; les journaux dévoués publient chaque jour que ceux que l'on veut tuer commettent tous les crimes imaginables, et les journaux royalistes ajoutaient à cela qu'il fallait raser Paris pour que Versailles devienne le siège du gouvernement.

Mais pour éviter le changement d'opinion qui se produisit après les journées de Juin, il fallait employer un autre moyen pour dénaturer les faits. Il avait été étudié à l'avance ; c'était de trouver des individus pour commettre des crimes dont on rendait solidaire la population que l'on voulait détruire.

Dans toutes les grandes villes et à Paris principalement, il n'est pas difficile de trouver des gens pour tout faire et d'exciter les partis qui se trouvent dans des positions difficiles à commettre des excès. Les espions prussiens et ceux de Versailles n'eurent pas beaucoup de peine pour établir la situation qu'ils désiraient, qui était de faire croire au public que l'on tuait des criminels et non des compromis politiques. Dans ce massacre, toutes les haines s'y étaient donné rendez-vous, les royalistes en bourgeois qui conduisaient les escouades de militaires pour choisir la population, en étaient la preuve.

Lorsque le calme fut rétabli, quand la population put contempler les ruines et compter les cadavres, les royalistes en perdirent la tête ; ils avaient une telle peur du jugement public qu'ils oubliaient pourquoi ils avaient massacré les communards, ils faisaient répandre dans le pays que c'étaient les bonapartistes qui avaient mis le feu aux monuments de Paris pour cacher les traces des vols qu'ils avaient commis, puis la réflexion étant venue, ils ont changé de langage.

Tous les malfaiteurs, quelle que soit leur situation, subissent l'influence de leurs méfaits, qui les oblige à mentir continuellement pour tromper l'opinion publique. C'est toujours la même influence, après douze ans, qui oblige encore les détenteurs du pouvoir à enseigner dans les écoles et à répéter dans leurs discours que les deux empereurs ont travaillé pour amener les deux invasions qui les ont détrôné et tué leurs enfants ; lorsque un peuple est capable de croire de pareilles bêtises, il ne devrait pas s'étonner d'être méprisé par les menteurs.

Tout s'enchaîne dans l'histoire d'un peuple, qu'il subisse l'influence du mensonge religieux ou du mensonge historique, il sera toujours maintenu dans un état de folie qui le rend rebelle à la raison.

Depuis douze ans on occupe le public avec la trahison de Bazaine ; ceux qui comprennent les choses savent parfaitement que ceux qui l'ont condamnés l'ont fait pour détourner l'opinion de leurs actes. Bazaine s'est trouvé dans un incident qui prête aux équivoques, les autres en ont profité pour l'interpréter en leur faveur.

Lorsque les partis ou un parti d'une nation parviennent au pouvoir avec le concours des étrangers, ils mettent forcément la nation vaincue sous la tutelle du vainqueur, qui en profite pour imposer des traités en sa faveur et impose sa volonté aux hommes qu'il a protégés, qui continuent d'être ses instruments à la tête de la nation vaincue.

C'est cette situation fausse qui divise la France en deux fractions, l'une qui est composée des impérialistes, le seul parti qui ne peut pas trahir parce qu'il est le cœur de la nation, indifférent en religion, qui n'a que des ennemis à l'étranger, à cause de sa qualité révolutionnaire ; le second, qui se compose des royalistes et des faux républicains qui ont fait cause commune avec les étrangers contre les impérialistes.

Ces trois partis, ennemis entre eux pour se disputer le pouvoir, sont toujours par la force des situations les ennemis des impérialistes qu'ils traitent en vaincus. Ce qui fait que la partie la plus saine de la nation est tenue en servitude par la partie la plus corrompue, qui a fait de la corruption une épidémie nationale.

Mais comme les mêmes combinaisons produisent invariablement les mêmes conséquences, il arrive que les mêmes partis qui avaient travaillé avec la Sainte-Alliance contre le premier Empire, ont une seconde fois, par le même travail, déterminé une restauration semblable des Capet, décorés de leurs titres féodaux, mais qui n'a pu avoir le même dénouement à cause de la question religieuse ; ils se conduisent pour faire oublier le second [Empire comme les précédents envers le premier.

Ces moyens, renouvelés de l'histoire ancienne, consistent à détruire tous les signes qui peuvent rappeler l'époque impériale, et de donner d'autres noms aux œuvres qui ne peuvent pas se détruire ; les villes de province sont plus avancées dans ce travail que Paris, où l'on serait très embarrassé de remplacer les noms des victoires qui s'y rencontrent si nombreux à chaque pas. On a bien essayé de célébrer une défaite par la rue de Châteaudun, mais cela est triste.

Ce qui distingue les hommes de la dernière Restauration des premiers, c'est qu'ils ne confondent plus l'Empire avec la Révolution ; ils établissent que les Bonaparte et leur parti sont des réactionnaires ou aristocrates, et qu'eux, les alliés de la Sainte-Alliance, sont les continuateurs de la Révolution. Les Français ont démontré jusqu'à ce jour qu'ils étaient aptes à toutes les croyances.

Les hommes de la dernière Restauration ont établi une fête nationale pour la prise de la Bastille et une autre pour le 4 Septembre. Les Français les célèbrent avec un égal enthousiasme ; il n'est cependant pas nécessaire d'être un grand génie pour distinguer la différence des faits. La prise de la Bastille a été la première victoire de la race gauloise ou latine remportée contre la race barbare ou aristocratie asservissante. Ceux qui combattaient pour leur liberté ne pouvaient compter que sur eux-mêmes, puisque tous les gouvernements de l'Europe sont établis sur le même principe qui les rend solidaires les uns des autres, situation qui a déterminé la Sainte-Alliance des rois barbares.

Le 4 septembre n'est pas un acte de bravoure, les révoltés ont attendu que leurs alliés étrangers, avec leurs complices dans l'armée, fussent maîtres de l'empereur, pour s'emparer de sa demeure sans défense.

Cette révolution, avec le concours de la Sainte-Alliance, a été faite contre la première Révolution, contre l'Empire, la révolution de Juillet et celle de Février, puisque tous les faits se rattachent au point de départ révolutionnaire, tandis que la dernière le combat, la population qui n'a pas su distinguer les faits, a payé de sa vie, et les survivants payent leur erreur en charges serviles.

Dans cette œuvre de perversité, tout est choquant et faux comme l'idée. Trochu, qui a été le préparateur et l'acteur du 4 septembre, est dans l'oubli ; il en est de même de de Failly, le héros du camp de Châlons : on glorifie Gambetta, et on oublie Dumouriez ; on glorifie Marceau et on oublie

Hoche ; les chouans de 1870, ne parlent plus des anciens, on veut que les Français oublient l'histoire de la Révolution, ils n'auront ni rois ni empereurs, ils seront gouvernés par des choses cosmopolites, qui leur prouveront que Paris est la capitale du monde en dessous après avoir été celle monde en dessus.

L'homme qui a été une calamité nationale, qui trouvait que ses alliés faisaient payer trop cher leurs services et qui ne trouvait pas qu'on lui payait trop cher sa maison, ne pouvait établir un gouvernement autre que celui qui représente son caractère, la perversité mise en pratique.

En comparant les faits successifs qui se sont accomplis depuis 1789, on comprend quels sont les résultats des erreurs de nos grands-pères, qui ont pris le mot liberté pour un principe, au lieu d'une situation relative, qui ont cru que le droit de posséder était le principe égalitaire, tandis qu'il est la suppression de l'égalité ; ce qui est facile à démontrer.

Qu'un domaine soit possédé par un individu qui se nomme le comte de la Roche, ou par un autre qui se nomme simplement Roche, ceux qui ne possèdent pas sont toujours les valets de l'un comme de l'autre.

Croire que le suffrages des ignorants pouvait être instrument de progrès, c'était contre nature, les ignorants ne peuvent pas avoir l'idée des choses générales, ils ne peuvent donc s'y intéresser, leur vote n'est qu'une machine où ils sont trompés dix-neuf fois sur vingt, parce qu'ils vont aux menteurs qui les flattent.

Etablir dans une société les germes de la division et de la haine et couronner cela par le mot fraternité pour indiquer les bienfaits de cette institution, cela ressemble à de l'ironie, et sans le vouloir ils ont indiqué le caractère de leur œuvre, parce que la fraternité, à cause des intérêts qui en dérivent, a toujours déterminé la haine et le crime entre les intéressés.

Ce sont ces idées mal appliquées qui ont rendu cette lutte de géants que les Français ont soutenu presque aussi nulle que les croisades, parce que détruire le parasitisme sous un nom et le rétablir sous un autre, c'est faire un travail nul ; c'est ce que ferait un cultivateur qui se contenterait de changer les noms des plantes naturelles au lieu de les arracher. Lorsque l'on recherche les causes de ce désordre humain, on regarde naturellement les institutions qui dirigent l'instruction.

On voit d'abord l'Académie, qui a été instituée pour maintenir les règles du langage et éviter les fausses applications des mots et l'introduction de mots nouveaux qui nuisent à la clarté et à la beauté de la langue. En examinant de près on

10

reconnaît que ce magnifique palais renferme **un** bureau d'enregistrement à la remorque de tous les faiseurs.

Si l'on se tourne du côté de l'Université, on éprouve le même désenchantement.

L'École de médecine a fait plus de mal à l'humanité par ses erreurs audacieuses et son irresponsabilité que n'auraient osé le faire d'autres praticiens libres et responsables ; elle a abouti à établir le charlatanisme le plus honteux que l'on puisse imaginer, elle est à la remorque du premier charlatan venu, les docteurs sont devenus les égaux des bonnes femmes.

En examinant l'Ecole de droit, il est facile de se convaincre qu'elle ne peut être que l'école du désordre, puisque ce qu'on y enseigne n'est pas le droit et que le mérite de l'avocat est de savoir parler, vrai ou faux, selon la cause qu'il défend.

Cette institution vicieuse a fait des avocats l'insu n... le plus puissant de la désorganisation nationale et le plus incapable pour réorganiser, parce que prenant au sérieux les lois qui ont fait la base de leur instruction, ils recherchent dans ces lois les parties qui leur paraissent les meilleures, ils les rééditent ou les modifient et croient avoir changé l'ordre social en faisant adopter un article de loi insignifiant.

Cette ignorance des choses fait ressembler les

Chambres françaises à des journalistes ; les députés occupent leur temps à fabriquer des constitutions et des lois, mais comme ils les font toujours
mauvaises, ils se créent du travail pour l'avenir
afin de se rendre utiles. Ils ont donné à cette pratique basochienne le nom de gouvernement cons-
titutionnel ou représentatif, pour le distinguer de
la monarchie absolue, sans rien changer à l'ordre
social.

Si l'on regarde les ingénieurs de l'Etat, qui sont
des sujets choisis, ce qu'ils font comparé à ce
qu'ils pourraient faire, on se demande s'il n'y
a pas chez eux un parti pris pour mal faire.

Si l'on compare les millions qui ont été
dépensés pour améliorer le cours du Rhône avec
les résultats acquis, on est convaincu que des
hommes qui ignorent l'existence de l'Ecole poly-
technique auraient mieux fait que les hommes de
cette École. Le remède à l'obstruction d'un courant d'eau est bien simple puisqu'il consiste à
supprimer la cause qui le produit, qui est indiquée
par le gravier qui est la matière obstruante.

En remontant tous les affluents d'un fleuve, on
rencontre des coteaux graveleux, minés à leur
base par des courants d'eau qui en emportent une
partie à chaque crue ; il y a toujours à proximité
de la roche pour servir à enrocher ces bases gra-
veleuses pour les garantir du frottement de l'eau ;

par ce moyen, la cause obstruante disparaît, et le coteau désolé peut devenir un coteau boisé.

Pour éviter les dévastations par les courants d'eau dans les plaines, le remède est le même : faire des enrochements longitudinaux de la hauteur des eaux moyennes, pour maintenir le courant dans le même lit et ménager un second lit latéral pour contenir les grosses eaux maintenue extérieurement par une digue en terre, gazonnée et boisée au besoin, revêtue en pierres sèches dans les contours,

Ces écoles, qui ne sont abordables que par ceux qui ont de la fortune, qui ne donne pas l'intelligence, constituent une aristocratie parasite qui n'a aucun intérêt à bien faire, puisque les maux qu'elle conserve sont la cause de son utilité,

Cette incapacité se rencontre dans toutes les administrations, parce qu'elle provient de la même cause : le manque d'intérêt et d'initiation personnelle ; ceux qui en font parties sont les organes d'une mécanique, qui suivent l'impulsion du chef, sans réflexion, parce que le contraire leur serait nuisible ; ils vivent sans souci. Au bout d'un certain temps, ils montent en grade; on leur donne la croix parce qu'ils n'ont rien fait ; s'ils avaient voulu faire, on les aurait punis. Ce qui fait que ce qu'on appelle gouvernement est à la remorque de l'initiative particulière, qui a son intérêt pour stimulant.

La question capitale en ce moment, qui indique comment l'instruction se fait en France, c'est celle qui se rapporte à ce mot république. Qu'une nation ne sache pas distinguer les personnes des choses ; qu'elle prenne quelques individus réunis pour une chose publique, et que ces individus se disent une chose publique, ce qui est aussi bête qu'un particulier qui dirait qu'il est son champ ou son pré, cela fait penser aux académiciens.

Cependant ces messieurs ne doivent pas ignorer que les Romains l'avaient appliqué dans son véritable sens ; mais, en égalisant la base, ils avaient conservé l'inégalité sociale, les classes, ce qui ne pouvait pas durer ; la plus forte classe dépouillait la plus faible, ce qui arrive à tous les peuples ignorants, parce que la prospérité n'a de la valeur en dehors du nécessaire que parce qu'il y a des pauvres pour la travailler et être les instruments des abus, qui sont la conséquence des deux situations.

Dans les pays où la chose est demeurée commune, le parasitisme y est tout puissant, il y maintient la pauvreté, parce que le travailleur n'a aucune sécurité pour le produit de son travail.

De quel côté que l'on regarde, on voit les peuples malheureux faute de savoir se défaire du parasitisme que leur ignorance a engendré et que plus ils sont asservis, plus ils sont unis pour la défense de leur situation, parce qu'ils se rapprochent davantage des animaux.

Les peuples se divisent dans la prospérité parce qu'ils ont moins d'obstacles à vaincre et plus de moyens à employer pour franchir la distance qui sépare une classe de l'autre, et la mobilité des situations est un exemple qui stimule les ambitions et les disposent à toutes les alliances et à la perte de leur nation.

Les nations dominées par le parasitisme ne procèdent pas selon l'intérêt national, mais selon l'intérêt de la famille, qui représente le parasitisme dominant, qui est la tête dirigeante, comme si la nation était son domaine particulier ; les habitants ou sujets n'ont pas plus d'influence dans la direction politique de leur nation que les animaux domestiques dans la conduite de leur possesseur, et les hommes et les animaux défendent avec une égale ignorance leur situation faute d'en connaitre une autre.

Tant que les peuples auront la force pour principe, leur conduite sera toujours semblable à celle des autres animaux qui est de prendre où il y a à prendre, de s'organiser pour vaincre les difficultés pour parvenir à s'emparer de la chose convoitée, de faire le plus de mal aux autres dans l'espoir qu'il en résultera un bien pour soi.

C'est cette conduite naturelle et barbare qui est le mensonge social par opposition à la vérité scientifique comme l'herbe sauvage est l'ennemie des plantes cultivées qui sont le résultat du progrès scientifique.

Tous ceux qui procèdent du mensonge ne peuvent pas communiquer aux autres une civilisation qu'ils n'ont pas, les missionnaires religieux ne peuvent leur communiquer qu'un changement de folie et les pouvoirs civils d'autres abus ; la conséquence de ces principes se confirme journellement par la conduite des peuples qui vivent sous l'empire du mensonge.

Les Anglais et les Français ont prêté de l'argent aux souverains de Constantinople, d'Egypte et de Tunisie, qui s'en sont servis pour leurs débauches, pour leur fortune et celle de leurs favoris ; les prêteurs et les intermédiaires étaient des usuriers.

Les gouvernements d'Angleterre et de France au lieu d'attaquer les emprunteurs, les ont pris sous leur protection et font la guerre aux sujets de ces souverains pour le remboursement d'une somme qu'ils n'ont ni empruntée ni reçue, ils sont doublement exploités et comme les choses s'enchaînent, la jeunesse française qui n'existait pas ou était minime à l'époque de ces opérations, va se trouver solidaire avec le peuple tunisien, par suite du protectorat français envers les malfaiteurs.

Si l'on compare le mot égalité affiché avec tant d'ostentation à la pratique des choses, on ne trouve que des méfaits hostiles à l'égalité.

Cette pratique fausse le jugement de l'enfant à son début à l'école. Les prix que l'on donne à ceux qui sont les mieux favorisés de la nature constitue une injustice envers ceux qui le sont moins. Cette injustice se continue dans les arts et s'est propagée depuis peu dans l'agriculture, toujours avec un mot menteur encourageant, c'est-à-dire que les hommes sont traités en enfants par ceux qui les exploitent en flattant leurs faiblesses.

Les expositions artistiques et industrielles ont pour but de faire connaître le savoir-faire de chacun. Les artistes et les industriels sont récompensés naturellement par la plus-value de leurs œuvres. Les récompenses qu'on leur donne ne sont que [le produit d'un vol que l'on contracte envers les moins habiles. Le même fait se produit dans les concours agricoles, et les courses de chevaux sont la conséquence de l'orgie parasite. Aussi, ceux qui affichent le mot égalité mentent comme ils mentent en disant qu'ils sont une chose ; tout ce qu'ils font est contraire à l'égalité.

En établissant des écoles supérieures et des écoles primaires sous la direction de l'Etat, on établit forcément deux classes : celle des classes supérieures sera naturellement l'aristocratie parasite de l'autre. Le mot liberté trouve ici son application, qui est là liberté de l'enseignement scientifique et la responsabilité de tous les praticiens envers les tiers ; alors il faudra savoir comme cela se pratique dans les industries libres.

Cette liberté scientifique est naturellement indiquée puisque les sciences ont des lois qui servent de règles à tous ceux qui les pratiquent, tandis que dans l'étude des langues le sens des mots peut se fausser sans que l'élève s'en aperçoive. Aussi ceux qui la fréquentent s'instruisent en lisant les œuvres de Voltaire, de J.-J. Rousseau, les discours de Mirabeau, les œuvres de Châteaubriand, de Victor Hugo, les discours de Gambetta, et ne sont pas plus avancés que ceux qui lisent les romans d'auteurs plus vulgaires.

La réflexion nous indique que l'étude des langues, qui sont des instruments, ne peut pas civiliser sans la connaissance des choses que l'on appelle sciences. Cette vérité est confirmée par l'histoire du passé. Il est donc nécessaire pour travailler à la civilisation que la science soit à la portée des jeunes intelligences chez tous les praticiens et non un monopole de la fortune.

L'application de la vérité, qui est le reflet de la lumière, suffit pour détruire tout ce que le mensonge ténébreux a institué ; mais pour que les peuples parviennent à distinguer le mensonge de la vérité, il faut qu'une instruction méthodique s'établisse parmi eux exempte de l'influence des sectes et des partis, exempte surtout des fables qui font des perroquets; habituer l'enfant à ne prononcer que les mots qui représentent les choses qui sont à la portée de ses connaissances, il contractera de cette manière l'habitude de rechercher la signification de chaque mot et parlera sérieusement, par habitude, ce qui sera le contraire de ce qui se pratique actuellement.

Les hommes, façonnés par la vérité, verront inévitablement les choses à un point de vue réel, ils comprendront que mentir en écriture ou en parole c'est toujours un mensonge malfaisant, que ceux qui invoquent cette liberté ne peuvent être que des malfaiteurs.

Lorsque les hommes raisonneront sérieusement, ils ne donneront plus la même importance aux arts qui flattent leurs sens en les maintenant dans l'enfance, ils comprendront qu'être peintre et faire des tableaux, être sculpteurs et faire des statues, sont des professions comme les autres où les plus habiles font mieux, comme cela se pratique dans tous les travaux.

L'application du droit qui modifie les conditions sociales et établi l'égalité industrielle changera aussi les conditions ridicules que le parasitisme en débauche a faites à l'art théâtral, qui doit-être dans les conditions commune à toutes les industries; les conséquences disparaîtront avec la cause.

Lorsque l'on examine le monde actuel tel que le mensonge l'a fait, le mépris qu'il inspire, on recule effrayé des conséquences de l'application du droit ; il faut avoir un amour invincible de la vérité et un caractère spécial pour être son ennemi au profit de ceux qui font tout pour se rendre méprisables.

L'application du droit exige une liquidation sociale de la nation, comme cela se pratique dans les sociétés particulières, il faut établir la part de chacun telle que le droit qui ressort de la vérité l'indique, ce qui est l'opposé de la force.

En droit, ceux qui ne possèdent rien n'ont ni patrie, ni commune, le lieu de la naissance n'établit ni droit, ni devoir, on leur fait l'aumône dans le besoin comme aux passagers étrangers. Les prolétaires sont obligés de travailler pour conquérir une place dans la nation, comme les esclaves pour s'affranchir ; tout ce que les possesseurs leur prennent en servitude pour la défense de leurs possessions et en impôts est une injustice et un vol.

Pour justifier l'exploitation communale qui est plus apparente parce qu'elle s'opère sur une moindre surface, on donne la raison que les locataires jouissent de la voie publique, qu'il est juste qu'ils participent à son entretien et à son embellissement.

Cette définition de la spoliation par la ruse des possesseurs a dominé jusqu'à ce jour le jugement des prolétaires, quoiqu'il soit facile dans ce cas comme dans les autres de rétablir le droit ainsi que les charges qui en résultent.

La ville ou la commune, comme la nation, ne peut appartenir qu'à ceux qui en possède une partie, la partie dite communale ne peut pas se séparer des parts particulières, parce que des maisons sans aboutissants seraient inhabitables, de même que des aboutissants sans maisons seraient inutiles.

Lorsqu'un propriétaire loue le droit d'habiter dans sa maison, il loue en même temps le droit de circuler sur la voie publique, qui est établie pour la circulation de tous les habitants et des étrangers dans l'intérêt des parts particulières qui profitent des embellissements par l'augmentation des loyers, tandis que les locataires, plus on leur impose de charges pour l'embellissement de la voie publique, plus on leur augmente le droit d'habitation ; ils sont doublement volés. Le point de départ étant injuste, les conséquences ne peuvent qu'être injustes.

Le droit appliqué en administration publique indique que les sociétés sont toujours mineures ; que l'administration de la nation, comme celle de la commune, ne peuvent faire que des engagements annuels parce que les hommes, qui étaient mineurs, ont toujours le droit de répudier un traité qui les engage sans leur participation.

Dans les affaires particulières, pour éviter l'abus des individus, on a permis aux héritiers de renoncer aux successions. Ceux qui font parties des administrations publiques savent bien qu'on ne renonce pas à la patrie ni à la commune ; s'ils procèdent de la sorte, c'est qu'ils travaillent dans leur intérêt au détriment des administrés.

L'application du droit dans l'ordre social supprime les abus et la lutte insensée qui existe entre le salarié irresponsable et le payant responsable. Le capital cesse d'être asservissant pour se renfermer dans le rôle fécondant qui lui est propre ; mais alors les travailleurs deviennent sociétaires responsables, et les capitalistes des prêteurs aux conditions indiquées par la loi ; ils y trouveront une sécurité qui n'existe pas.

L'analyse des abus de la force comparés au droit aboutit à une situation bien imprévue, qui est que la partie sociale qui possède n'aurait pas de quoi rembourser à la classe dépossédée la valeur des préjudices qu'elle lui a fait injustement ; heureusement pour elle que le droit établit la solidarité.

En appliquant la vérité et certains mots qui en dérivent, toutes les institutions parasites que le passé a établies disparaissent ; la famille et la nation sont constituées pour s'entr'aider et se cultiver ; les causes qui déterminent les méfaits n'existeront plus.

Les nations organisées en sociétés solidaires ne pourront plus se confondre, un étranger sera un passager qui n'aura pas de place pour se fixer sans être adopté par ses nouveaux concitoyens. Les impôts indirects, qui sont les résultats de la servitudes, n'existeront plus, il ne restera que ceux de la frontière, comme équivalent de ceux des autres nations, et l'impôt personnel seul digne parce que l'homme, connaissant sa charge, est obligé de compter avec elle.

LE MONDE FUTUR

Lorsque les hommes auront compris que la vérité doit être la règle de leurs actes, comme elle l'est dans la pratique des sciences exactes, ils établiront la raison sur cette base, supprimeront les folies de la poésie et de l'art qui rendent les hommes insensés et ennemis entre eux.

Le mensonge, qui est la semence du mal, doit être puni sous toutes les formes ; la vérité est assez vaste pour exercer l'intelligence humaine, pour ne pas l'occuper des fictions et des allégories qui abrutissent.

La vérité rectifie toutes les folies qui existent dans l'organisation des peuples et dans la manière de comprendre la signification des mots, qui a été corrompue par des malfaiteurs intéressés.

Dans toute construction, il faut commencer par l'unité ; la famille étant l'unité nationale, la nation, qui en est le multiple, doit être semblable dans son organisation, qui est selon l'ordre naturel, qui est éternel comme la vérité et le droit qui en résultent.

La vérité, qui est la réflexion de la lumière et le droit qui en résulte, ne peuvent pas se discuter comme la force, parce que la moindre altération les mutile et leur fait perdre leurs qualités et les transforme en mensonge, comme cela se pratique avec le mot république.

Lorsque l'on comprend la vérité, on comprend aussi le droit qui naît avec l'homme, qu'il faut une force inhumaine pour les séparer.

Lorsque les législateurs ont établi dans la famille l'égalité de naissance, ils n'ont pas compris que cette égalité avec ses vicissitudes ne pouvait être qu'un ferment de discorde. Le droit ne doit pas être à la merci des caprices ou des vices de l'individu ; il doit être national et immuable, comme tous les principes qui doivent servir de règle à la conduite des hommes qui sont sujets à des faiblesses.

Ceux qui se sont emparés de la propriété publique par la force et autres moyens qui en dérivent doivent la restitution de la propriété et le revenu qu'ils en ont retiré pendant leur jouissance, le temps et les lois qu'ils ont faites sont nulles devant le droit qui est indestructible.

Le droit appliqué à la base sociale doit se continuer dans toutes les ramifications administratives, les pouvoirs parasites militaires, civils et religieux, qui tiennent le peuple en tutelle même lorsqu'il a le titre de souverain, comme en France, ce qui forme un gouvernement ridicule avec un faux nom, ce qui rend le peuple qui en est l'objet méprisable, parce qu'il démontre sa grande ignorance.

Le gouvernement d'un peuple civilisé doit se faire par lui-même; le conseil national ou central doit être législateur, contrôleur et régulateur pour surveiller l'exécution des lois dans toute l'étendue de la nation, mais il ne doit être ni professeur, ni industriel, ni administrateur ; la surveillance intérieure, la direction des colonies non agrégées et les relations avec les nations étrangères sont les attributions qu'il doit avoir.

L'application du droit social nécessite un remaniement complet des divisions administratives du territoire français qui est déjà indiqué par le progrès accompli dans la locomotion.

La commune serait agrandie à un rayon de trois à cinq kilomètres qui se modifierait par les chaînes de montagne, les deux versants appartenant à des communes différentes pour faciliter les rapports entre les habitants.

L'arrondissement devient canton et les départements disparaissent pour constituer des provinces.

Pour faciliter la retenue des noms et moins fatiguer la mémoire, nous supprimons les noms des montagnes et des rivières qui ne sont que des difficultés inutiles pour donner à la province le nom de la ville qui en sera le centre administratif.

Le tableau suivant indique les villes et les départements qui en feront partie, sauf les modifications qu'une étude plus approfondie y apporterait.

PROVINCE DE LILLE

Département du Nord,
      »   du Pas-de-Calais,
      »   de la Somme.

PROVINCE DE ROUEN

Département de la Seine-Inférieure,
»   de l'Eure,
»   du Calvados,
»   de l'Orne,
»   de la Manche.

PROVINCE DE PARIS

Département de la Seine,
»   de l'Oise,
»   de Seine-et-Marne,
»   de Seine-et-Oise,
»   d'Eure-et-Loir,
»   du Loiret.

PROVINCE DE CHALONS-SUR-MARNE

Département de la Marne,
»   de l'Aisne,
»   des Ardennes,
»   de l'Aube.

PROVINCE DE NANCY

Département de la Meurthe-et-Moselle,
»   de la Meuse,
»   de la Haute-Marne,
»   des Vosges.

PROVINCE DE RENNES

Département du Finistère,
    »   des Côtes-du-Nord,
    »   de Morbihan,
    »   d'Ille-et-Vilaine,
    «   de la Mayenne.

PROVINCE DE NANTES

Département de Maine-et-Loire,
    »   de la Vendée,
    »   des Deux-Sèvres.

PROVINCE DE TOURS

Département de la Sarthe,
    »   de la Vienne,
    »   de Loir-et-Cher,
    »   de l'Indre,
    »   d'Indre-et-Loire.

PROVINCE DE NEVERS

Département du Cher,
    »   de la Nièvre,
    »   de l'Allier.

PROVINCE DE DIJON.

Département de l'Yonne,
» de la Côte-d'Or.
» de Saône-et-Loire.

PROVINCE DE BESANÇON

Département de la Haute-Saône,
» du Doubs,
» du Jura.

PROVINCE D'ANGOULÊME

Département de la Charente-Inférieure,
» de la Charente,
» de la Haute-Vienne,
» de la Dordogne,
» du Lot.

PROVINCE DE CLERMOND-FERRAND

Département de la Creuse,
» de la Corrèze,
» du Puy-de-Dôme,
» du Cantal,
» de la Haute-Loire.

PROVINCE DE LYON

Département de la Loire,
«   «   du Rhône,
»   «   de l'Ain,
»   de la Haute-Savoie,
»   -   de la Savoie,
»   de l'Isère,
»   de la Drôme,
Arrondissement de Tournon (Ardèche)

PROVINCE DE BORDEAUX

Département de la Gironde,
»   de Lot-et-Garonne,
»   des Landes,
»   du Gers,
»   des Basses-Pyrénées,
»   des Hautes-Pyrénées.

PROVINCE DE TOULOUSE

Département de Tarn-et-Garonne,
»   du Tarn,
»   de la Haute-Garonne,
»   de l'Aude,
»   des Pyrénées-Orientales,
»   de l'Ariége.

PROVINCE DE NÎMES

Département de l'Aveyron,

»   de la Lozère,

»   de l'Ardèche, moins Tournon,

»   de l'Hérault,

»   du Gard.

PROVINCE DE MARSEILLE

Département de Vaucluse,

»   des Hautes-Alpes,

«   des Basses-Alpes,

»   des Bouches-du-Rhône,

»   du Var,

»   des Alpes-Maritimes.

DROIT SOCIAL OU RÉPUBLIQUE

La terre étant la mère commune des hommes, tous ceux qui naissent ont droit à une part égale de sa surface, nécessaire à leur existence.

Le sol d'une nation appartient également à tous les habitants, qui forment une société ayant pour base ou fond social la fortune immobilière, et pour effet la solidarité entre tous les habitants.

La propriété nationale étant inaliénable, elle sera divisée en communes, et la part communale divisée aux familles agricoles, proportionnellement au nombre d'individus majeurs, soit âgés de vingt ans, qui composent la famille.

Les orphelins mineurs sont mis sous la tutelle de leurs parents, suivant l'ordre de parenté ; à défaut de parents, il leur sera nommé un tuteur par le conseil communal, qui est dans tous les cas leur protecteur.

Dans le mouvement successif qui se produit naturellement par les morts et les naissances et par ceux qui entrent dans la partie sociale industrielle, il y aura des vides qui seront donnés, par rang d'âge, à ceux qui deviennent majeurs dans la période de cinq ans ; une révision sera faite, à la fin de chaque période, pour harmoniser autant que possible les intérêts de tous.

Cette base fondamentale détruit l'effet des vices particuliers qui restent personnels et empêche ceux de la conquête individuelle qui sont le résultat d'une différence de vices ou de qualités.

La partie sociale agricole se complète par la partie industrielle qui comprend toutes les professions autres que l'agriculture ; tous ceux qui en feront partie cesseront d'avoir part au sol, parce que chacun doit vivre du produit de son travail, duquel il disposera librement.

Les individus composant la partie agricole pourront devenir industriels en abandonnant leur part du sol, comme ceux qui composent la partie industrielle pourront rentrer dans la partie agricole où ils auront leur part du sol à la première révision, laquelle part ils seront obligés de travailler eux-mêmes.

Toutes les charges sociales étant égales et personnelles pour tous les individus majeurs ayant leur part du sol ou étant industriels sociétaires, ces derniers cesseront d'être employés à gages à vingt ans pour être sociétaires.

Les parts des bénéfices seront égales entre tous les sociétaires, mais les comptes de levée particuliers seront réglés en assemblée générale selon le mérite des sociétaires, ainsi que l'intérêt du capital et la retenue de prévoyance.

Le capital monétaire ne pouvant s'échanger que contre des choses mobiles, il n'aura plus que le rôle fécondant qui lui est propre.

L'individu de la partie agricole en cas d'insuffisance par incapacité de travail, aura son assurance dans la part du sol qu'il fera travailler à moitié par des mineurs ou des majeurs non encore pourvus de leurs parts, de préférence à ceux qui possèdent.

L'industriel indigent par incapacité de travail aura droit à l'assistance : l'impôt ou charge sociale étant calculé pour remédier aux accidents de toute nature, est une prime d'assurance générale.

Les sexes se complètent par leur union qui constitue la famille, l'union ou mariage accompli est indissoluble comme le fruit qui en résulte ; la loi sociale doit dominer par sa justice les caprices et les faiblesses individuelles.

L'union des corps constitue l'union des intérêts, la fortune mobilière appartient en commun entre le mari et la femme qui héritent l'un de l'autre en cas de mort ; le droit des enfants succède au dernier des vivants de leurs auteurs.

Tous les enfants composant la famille, qu'ils soient nés avant ou pendant le mariage ou de plusieurs mariages, ont un droit égal à la succession du dernier des auteurs de la famille.

Nul ne peut se soustraire à l'obligation de nourrir et élever ses enfants, toutes substitutions de personnes sont interdites.

La famille est administrée par le père, ou la mère si elle est veuve ; après la mort du père et de la mère par l'aîné des enfants majeurs; à défaut d'enfants majeurs, il sera nommé un tuteur par le Conseil communal.

Lorsqu'il y aura des oncles ou des tantes habitant le même lieu, ils seront de droit, par rang d'âge en commençant par les hommes, tuteurs de leurs neveux, confirmés par le Conseil communal.

L'union entre deux personnes de sexes différents constitue la famille ; l'union entre plusieurs personnes constitue une société particulière, l'union des familles constitue la commune, l'union des commune le canton, l'union des cantons la province, l'union des provinces la nation.

La population se divise en trois parties selon l'ordre naturel, l'enfant jusqu'à vingt ans, la force de vingt à cinquante, l'administrative de cinquante et au-dessus.

Le hommes âgés de cinquante ans seront le Conseil communal administratif et judiciaire, il y aura un secrétaire et des adjoints selon l'importance de la commune pour l'exécution des affaires.

Les communes au-dessus de cinq mille habitants se diviseront en sections qui seront judiciaires dans leurs ressorts ; les sections désigneront ceux de leurs membres qui constitueront le Conseil communal administratif pendant un an.

Chaque Conseil ou section désignera un de ses membres pour constituer le Conseil cantonal pour un an.

Chaque Conseil cantonal nommera deux de ses membres pour constituer le Conseil provincial pour cinq ans.

Chaque Conseil provincial nommera cinq de ses membres pour constituer le Conseil national pour cinq ans.

Les délégués cantonaux et provinciaux manquants seront remplacés par de nouveaux délégués nommés selon les règles précédentes.

Le Conseil cantonal sera administratif et judiciaire, il nommera un secrétaire et des adjoints pour l'exécution des affaires.

Le Conseil provincial sera administratif, il nommera des secrétaires et des adjoints pour l'exécution des affaires.

Le Conseil national sera législatif et directeur, il nommera les secrétaires d'Etat chargés du pouvoir exécutif, agissant sous leur responsabilité personnelle, chacun dans leur administration respective, sous la surveillance du Conseil national.

Chaque secrétaire d'Etat aura un secrétaire particulier de son choix, mais tous les autres employés feront partie de l'administration professionnelle qui commence à la commune et finit à l'Etat.

Les délégués et secrétaires sont justiciables du conseil qui les nomme, qui a toujours le droit de les révoquer et de les juger.

Les secrétaires d'Etat assisteront aux séances du Conseil national, pour participer aux délibérations, sans participer à aucun vote.

La correspondance administrative se fera de secrétaire à secrétaire ; un résumé des délibérations du Conseil cantonal sera envoyé aux secrétaires cantonaux et communaux de la province, un résumé de celles du Conseil national sera envoyé à tous les secrétaires de la nation.

Les habitations étant communales, les charges locatives seront calculées proportionnellement à la valeur du local, de manière à permettre à la commune de les entretenir, d'en construire pour de nouveaux besoins et de suffire aux nécessités accidentelles.

Les bâtiments affectés à une industrie seront construits par les industriels à leurs frais, mais deviendront communaux à l'expiration d'une durée de jouissance déterminée entre le Conseil communal et les industriels avant la construction. Cette règle s'applique à toutes les entreprises d'intérêts publics, avec ou sans participation des deniers publics.

Dans une société, les majeurs ne peuvent engager les mineurs ; le pouvoir des conseils est annuel ; pour les travaux de longue durée il y aura toujours une modification de droit pour équilibrer les deux intérêts.

Dans la nouvelle organisation sociale, les travailleurs particuliers ou associés ne sont pas détachés de la solidarité générale ; l'équité veut que les contrats entre les travailleurs et les administrations publiques accordent une rémunération équitable aux travailleurs et que les modifications qui peuvent se produire soient toujours faites dans le même esprit.

En dehors de l'impôt personnel, qui est le seul qui soit juste, les douanes à la frontière ne doivent être maintenues que comme équivalent à celles des autres nations en attendant leur suppression générale.

La partie sociale qui constitue la force nationale sera organisée en compagnies et bataillons dans les communes qui formeront les divisions au canton et l'armée à la province.

La force communale nommera ses sous-officiers et officiers, et le Conseil communal les chefs de bataillon, le Conseil cantonal les généraux de brigade, et le Conseil provincial les généraux de division et d'armée.

L'instruction du soldat doit être un jeu récréatif

pendant sa minorité pour lui éviter une perte de temps à sa majorité.

Cette armée défensive ne pourra être déplacée de ses foyers qu'en cas de guerre, par décision du Conseil national. Alors elle se constituera en trois armées : la première comprendra les hommes de vingt à trente ans, qui sera l'armée d'attaque ; la seconde comprendra les hommes de trente à quarante ans, qui sera la réserve ; la troisième, ou armée intérieure, comprendra les hommes de quarante à cinquante ans.

L'instruction primaire doit être gratuite et obligatoire, ayant un programme unique établi par le Conseil national pour toute la nation, un pour les garçons et un pour les filles, l'un et l'autre rédigés selon les devoirs que les deux sexes ont à remplir dans la société, où la femme, par sa nature, ne doit être que la doublure de l'homme.

Les instituteurs et les institutrices seront proportionnels en nombre, ainsi que leurs aides, aux populations des communes.

Les professions étant libres, les élèves des écoles ou professions scientifiques seront aides à vingt ans et sociétaires ou pouvant professer à vingt-cinq ans.

Les nations, par la progression de leur population, ont besoin de s'étendre en dehors de leur territoire primitif, de lutter contre la barbarie qui occupe une grande partie de la surface de la terre. Elles constitueront pour cette œuvre une force expansive composée de volontaires qui en feront leur profession, qui seront choisis sous différentes latitudes, selon les points qu'ils auront à occuper dans l'intérêt de leur santé ; ils pourront se fixer dans les colonies qui leur conviendront ou demander des changements de situations.

Cette force armée sera maritime et coloniale ; les hommes qui en feront partie auront le choix de se fixer ou de rentrer à l'intérieur à quarante ans pour tenir garnison dans les forteresses, et auront droit à leur retraite à cinquante ans.

Dans les relations entre les individus appartenant à différentes nations civilisées, il n'y aura aucune intervention d'État à État. Chaque voyageur subit la loi du pays où il voyage, comme celui qui se fixe dans un autre pays que celui où il est né subit la loi de sa nouvelle patrie.

Cette organisation sociale, selon la nature et le droit, égalise ce qui est possible d'être égalisé. Les hommes étant constitués de qualités et de vices différents, la fortune mobilière sera la récompense des qualités, sans qu'elle puisse être nuisible aux autres ; mais il est juste que ceux qui sont prévoyants, économes ou même avares jouissent du produit de leur prévoyance en sus de la garantie sociale.

Aucun travailleur étranger ne peut exister au milieu de la société générale. Les étrangers qui seront appelés seront obligés de se faire naturaliser membre de la nouvelle patrie.

POLICE SOCIALE

Dans une société organisée selon le droit, tous les citoyens de la même nation forment une société ayant les mêmes droits, les mêmes intérêts, les mêmes devoirs de veiller à l'exécution des lois et à l'ordre social.

Chaque citoyen surveille pour éviter les délits et les crimes, et les signaler au conseil communal.

Ceux qui auront négligé de signaler un délit ou un crime, comme ceux qui en auront accusé un autre injustement, seront passible de la peine qu'ils auront évitée ou fait appliquer injustement.

Le préjudice causé à autrui n'a pas de catégories, qu'il soit le résultat d'une chose empruntée non rendue, d'un objet acheté non payé, d'un objet dérobé avec ou sans effraction, il n'est toujours que la valeur de la chose et des accessoires.

Comme tout homme majeur est responsable de

ses actes, il doit savoir lorsqu'il emprunte qu'il faut rendre, lorsqu'il achète qu'il faut payer, comme il sait que lorsqu'il vole, il commet un délit.

Celui qui prête ou qui vend n'a besoin que de connaître l'identité de la personne avec laquelle il est en rapport, parce que chacun doit savoir sa position et qu'il est difficile de connaître celle des autres.

La peine judiciaire doit être l'équivalent du préjudice causé. L'effet moral appartient à l'opinion publique, qui pourra toujours la manifester librement, parce qu'un fait ne peut se détruire, la vérité étant la règle de la morale. Le mensonge seul est punissable.

Sous quelle forme que le mensonge se produise publiquement, il devient délit social parce qu'il est le commencement de tous les méfaits.

La justice ne pouvant être malfaisante sans cesser d'être juste, le criminel ne peut être arrêté que pris sur le fait; dans tous les autres cas, il doit être jugé en liberté, parce qu'il n'est certifié coupable que par le jugement qui le condamne.

Dans une société organisée, un inconnu ne peut vivre au milieu d'elle. Celui qui s'expatriera pour éviter la peine judiciaire sera obligé d'aller dans les pays non civilisés ; sa fuite confirmera son méfait, et il évitera à ses concitoyens le désagrément de le punir ; la morale n'y perdra rien.

Les condamnés qui n'auront pas réparé leur délit dans le délai indiqué par le jugement, comme ceux qui seront rebelles à leur devoir social, seront déportés dans les pays dominés par l'armée coloniale.

L'homme criminel, pour avoir donné la mort, sera condamné à mort ; l'auteur du crime doit subir le sort de sa victime, il ne peut y avoir d'autres peines équivalentes. Il n'y a que le cas de défense personnelle qui exempte la condamnation, parce que l'acte s'accomplit contre un malfaiteur. Le duel, qui est volontaire, n'exempte pas le meurtrier.

Pour les faits accidentels, l'homme n'est responsable que de ce qui est réparable.

Le criminel condamné publiquement cesse d'être homme social par l'effet de sa condamnation pour être relégué au rang des animaux dangereux ; le jugement qui le condamne est le dernier acte qui s'accomplisse entre l'homme et la société ; sa mort doit être une affaire obscure par le poison sous la surveillance d'hommes compétents.

Les délits sont justiciables du Conseil communal et les crimes du Conseil cantonal.

Celui qui aura éprouvé un délit en fera la déclaration au secrétariat du Conseil communal, qui appellera le délinquant devant le conseil pour y être jugé et condamné à réparer son délit dans un délai déterminé par le jugement.

Le témoignage d'un citoyen majeur suffit à affirmer ou nier un fait, parce que celui qui se rendra coupable d'un mensonge sera passible de la peine qu'il aura fait éviter ou appliquer injustement.

Les Conseils communaux sont les juges naturels de toutes les difficultés qui naissent entre les habitants de leurs communes; ils sont chargés de la recherche des criminels pour les crimes accomplis dans leurs communes, d'en faire l'instruction qu'ils remettront au Conseil cantonal chargé du jugement auquel assisteront les membres du conseil communal qui ont travaillé à l'instruction pour répondre aux observations qui pourront leur être faites sur leur rapport.

La commune agricole est la seule qui puisse faire une partie de ses travaux publics, mais tout ce qui demande un travail spécial doit être l'objet d'un traité conventionnel entre l'administration et une entreprise particulière.

La règle que nous indiquons pour les conseils communaux s'applique à tous les conseils supérieurs qui sont les régulateurs et les juges de la chose publique, ils ne peuvent rien faire par eux-mêmes sans porter[atteinte à leur indépendance de juges.

Tout ce qui dans le présent est désigné sous le nom d'administration publique pour fabriquer ou transporter, doit être concédés à des sociétés spéciales qui agiront sous le contrôle des conseils, chacun dans leurs attributions ; il ne peut y avoir dans une nation des sociétés particulières et des sociétés d'Etat, tous les citoyens doivent être sur un pied d'égalité parfaite et se classer dans leur intérêt selon leurs aptitudes.

Ceux qui se seront servis de moyens conventionnels contraires aux lois sociales, seront expulsés de la société.

Les habitants des colonies administrées par le pouvoir militaire qui seront rebelles aux lois, seront punis de mort.

CULTURE SOCIALE

Les hommes, dans l'intérêt de leur existence, de leur santé et de leurs formes, ont besoin de se cultiver entre eux, comme ils cultivent les végétaux et les animaux utiles ; les règles à suivre sont les mêmes, pour cela, il faut se dépouiller d'une fausse pitié et d'une fausse charité, car il n'y a rien de plus triste que de voir un père et une mère prodiguer leurs soins à un être incomplet ou informe qui ne peut être qu'une charge et un exemple pernicieux ayant une existence malheureuse.

Ces avortons naturels sont nuisibles à la vie humaine par le surcroit de charge et par leur forme, qui agit passivement sur l'imagination des femmes et peut déterminer la formation d'êtres semblables, ce qui indique que les enfants doivent être inspectés dès leur naissance et qu'aussitôt que l'incapacité est reconnue, ils doivent être supprimés par les moyens les moins douloureux.

Les hommes ne doivent jamais oublier dans l'intérêt de leur existence, que le parasitisme qui les appauvrit est le résultat d'un vice ou d'une erreur et que la vérité en toutes choses peut seule leur donner les moyens de le combattre sous toutes les formes.

La civilisation n'existera réellement parmi les hommes, que lorsqu'ils seront affranchis de toutes les idées fausses qui engendrent le parasitisme et qu'ils ne s'occuperont que des relations utiles qui s'équilibrent par le progrès des connaissances et suppriment les abus.

La culture, humaine comme toutes autres, est une lutte continuelle contre les penchants naturels; la première résistance à apprendre à un enfant, c'est la résistance à la satisfaction de ses désirs, qui est la base de la morale; la seconde, contre la paresse native, l'habituer au travail et à l'obéissance, qui sont les qualités sociales ou la discipline est une règle pour conserver ses droits et son indépendance ; l'indiscipline a pour conséquence la servitude.

L'homme ne doit jamais oublier que le progrès est le résultat d'un travail pénible, que tout ce qui détermine le plaisir le ramène à l'enfance ; le plaisir est un moyen hygiénique pour le repos des sens, mais il doit être réglé afin qu'il ne porte atteinte au travail utile.

L'extension territoriale par des pays peu habités permettra d'y conduire les populations qui se trouvent trop à l'étroit dans le lieu de leur naissance et d'y former une population sœur, ayant les mêmes aspirations.

AGRÉGATION SOCIALE

Lorsque les hommes, par l'étude et l'expérience, auront compris que les guerres politiques et religieuses sont des actes de folie résultant de l'ignorance, qui ne profitent qu'à quelques malfaiteurs, ruinent les vaincus et les vainqueurs, que la justice doit être appliquée entre les peuples comme entre les individus ; la force ne doit intervenir que comme auxiliaire.

Mais pour que la force ne s'égare elle-même, il ne faut pas que les hommes s'inspirent des préjugés que la barbarie leur a enseignés, ou des questions de races absurdes, en Europe surtout où la barbarie les a mélangées comme le vent d'automne mélange les feuilles mortes, et que ce mélange est indiqué par la science dans l'intérêt de leur santé ; il est donc nécessaire de se placer continuellement sur le principe de l'intérêt ou vitalité des peuples sans aucune distinction. La justice n'a pas de frontière, elle est de tous les pays ; c'est à ceux qui la comprennent à servir d'exemples aux autres.

Les agrégations dans ces conditions ne sont que

des actes conventionnels, raisonnés, qui sont indiqués par la nature ; l'union des grandes nations se fera d'une manière insensible. Chaque pays qui s'agrége ne s'aperçoit que du changement des lois qui sont supérieures à celles qu'il avait ; son organisation administrative demeure locale, il n'y a ni vainqueurs ni vaincus. Les relations amicales entre les nations existeront comme si elles n'en formaient qu'une, le parasitisme, seul intéressé à la désunion, ayant disparu.

Dans ces agrégations successives, la civilisation s'agrége des égaux. Si la force coloniale domine avant l'annexion, ce ne sera que le temps nécessaire pour faire comprendre aux hommes les avantages qui résultent de l'agrégation sociale.

Cette marche en avant est une nécessité vitale pour les habitants de l'Europe, comme elle l'a été dans le passé pour ceux qui étaient nés dans les régions polaires devenues glacées.

Cette marche sera aussi un bien pour les peuples qui habitent les pays qui seront annexés, parce que les Européens les civiliseront en les délivrant du parasitisme bestial qui les asservit en les maintenant dans l'ignorance et la misère.

Cette marche à l'équateur devient une nécessité plus impérieuse pour les peuples d'Europe, à mesure que les Européens se multiplient sur d'autres continents plus favorisés, qui leur permet-

traient de rendre l'Europe tributaire de leurs produits agricoles et industriels.

Les Européens, en s'avançant en Asie et en
Afrique, répareront les divisions arbitraires géographiques qui divisent en trois parties l'ancien
monde qui ne forme qu'un continent, les parties
se complétant l'une par l'autre, ce qui est nécessaire pour jouir des mêmes avantages que l'Amérique et l'Australie,

Les peuples, mieux constitués par l'étendue de
leurs territoires, rencontreront moins d'entraves
dans leurs échanges, remplaceront les produits
inférieurs qu'ils retirent du sol européen par les
produits similaires supérieurs en qualité de la zone
équatoriale, ce qui augmentera les échanges entre
les habitants des deux climats, ceux de la zone
tempérée, plus propices aux travaux industriels,
bénéficieront de la prospérité des autres,

Pour faciliter l'union des peuples, la suppression des folies religieuses, du parasitisme militaire
et administratif est un grand pas ; mais il faut
encore les rendre semblables, autant que possible,
par l'instruction et l'éducation. Le moyen le plus
propice pour y parvenir, c'est l'unité du langage ;
rien ne facilite les rapports entre les hommes
comme la langue qui permet de se communiquer
instantanément ses idées et ses impressions.

Cette question doit être traitée comme toutes et

principalement celles qui intéressent l'humanité, sans passion, en s'appuyant sur l'utilité qui en résulte dans la vie humaine et bien se pénétrer que le temps employé pour apprendre des langues est perdu pour l'instruction, puisque les langues diverses ne font que répéter les mêmes mots.

Le démembrement de l'empire latin a déterminé la formation de plusieurs langues qui demandent une étude spéciale pour se comprendre entre elles.

Les langues modernes ont subi un perfectionnement dans leur construction, le mécanisme des mots s'adapte mieux à l'ordre des mouvements et des faits que les langues anciennes, et la dernière formée est supérieure à ses aînées.

Le mérite d'une langue consiste dans son mécanisme basique, qui fait que les mots se succèdent comme les mouvements et les faits qu'ils désignent et se combinent facilement pour construire une phrase.

Le même mot qui désigne plusieurs choses avec un second pour distinguer les variétés, est plus facile à retenir et désigne mieux qu'un seul mot pour chaque chose; un mot désigne l'objet, la phrase le décrit. Plus la langue se prête aux classifications, plus elle est facile à apprendre.

Pour qu'une langue produise l'harmonie dans le langage parlé, il faut que les finales des mots acquièrent la plus grande variété possible dans les sons, comme cela se pratique dans un orchestre par le nombre d'instruments divers.

Pour que les sons soient agréables, il faut que les mots se prononcent avec netteté par l'extrémité de la bouche, toute prononciation gutturale est désagréable.

Parmi les langues modernes qui ont succédé à la langue latine, la langue française est celle qui se rapproche le plus des qualités que nous avons indiquées, elle est à ses congénères ce qu'un orchestre est à une fanfare.

Les hommes qui s'occupent de l'enseignement devraient s'appliquer à remédier aux difficultés orthographiques qui existent encore, faire que les mots soient conformes à la prononciation française quelle que soit leur origine ; modifier la prononciation de certaines lettres ; supprimer les inutiles et généraliser les réglées.

Il y a des lettres qui ont double prononciation, qui peuvent même se réduire à une, sans modifier celle des mots : le G peut n'avoir que la prononciation *gue*, partout où il se prononce *ge*, le remplacer par J qui perdrait celle de I. L'H peut-être supprimé dans tous les cas où il est muet. L'S peut être invariable au commencement et dans les mots ne prendre la prononciation *se*

qu'à la fin des mots pour la liaison et remplacer
par Z dans l'intérieur des mots. Le T peut être
invariable et remplacé par le C où il se prononce
ci. L'X *que ze* invariable, écrire *que ce* par deux C.
L'Y seulement comme deux I. PH supprimé,
remplacé par F. Dédoubler les consonnes dans
tous les cas où cela ne change pas la prononciation
ni le genre, écrire *en* comme dans *ennemi* et *an*
dans tous les cas où il se prononce *an*. Remplacer
l'M par l'N devant B P comme ailleurs, afin de
supprimer les difficultés exceptionnelles.

L'S doit être le signe invariable du pluriel, la
phrase prendrait un T apostrophe lorsqu'elle serait
questionnaire, on écrirait : ils ames, aimes-t-ils;
ils aurons, aurons-t-ils ; le travail, les travaus ;
le cheval, les chevaus ; l'œil, les ieus. La troisième personne du pluriel des verbes se trouve
ainsi régularisée, la distinction dans les finales
faisant double emploi avec les pronoms.

Ces réformes ne sont pas difficiles à obtenir, il
n'y a qu'à écrire les livres classiques avec cette
modification orthographique, dans dix ans elle
sera générale. Il ne faut pas oublier qu'en
toutes choses lorsque l'on veut progresser, il faut
rompre avec la routine traditionnelle ; faire que
la langue s'écrive sans fatigue.

Les améliorations sont successives, lorsque
celles que nous indiquons seront accomplies, les

autres ressortiront mieux elles seront plus faciles à remédier.

Pour arriver à un mécanisme aussi simple que parfait, c'est en façonnant toutes choses dans le but d'en faciliter l'usage que l'on y parvient.

Nous voyons que les travaux artificiels concordent avec la situation physique; la France comme centre latin géographique l'est également comme nombre d'habitants et comme influence morale.

DES NATIONS

Les nations, telles qu'elles existent en Europe, ne sont pas le résultat de l'intelligence appliquée dans l'intérêt des peuples, conformément aux indications géographiques, elles ne sont que le désordre de la lutte entre les malfaiteurs parasites qui tuent et volent en chantant la gloire de leurs statues déifiées et la leur pour tromper leurs victimes ignorantes qui leur servent d'instruments, comme les chiens aux chasseurs.

La barbarie qui domine l'Europe depuis quinze siècles, n'a rien changé dans sa conduite générale, si les détails se sont modifiés envers les individus, les peuples le doivent à la race gauloise qui, toujours dominée par la barbarie, a su briser ses fers et reconquérir une partie de ses droits ; si les autres peuples ont reconquis une partie des leurs, ils le doivent à cette race qui a fait des efforts gigantesques contre la race franque et son clergé, ses deux parasites, et contre les autres parasites similaires de l'Europe qui, en échange, lui ont voué une haine implacable.

Dans cette haine de bêtes fauves contre les Gaulois et les deux seuls souverains qui soient sortis de la race asservie depuis l'alliance de saint Rémy avec Clovis, ils forçaient Napoléon I⁽ᵉʳ⁾ à faire la guerre et lui reprochait d'être conquérant, le second soit Napoléon III, qui avait supprimé la conquête et la rançon, les deux fléaux qui sont l'objet de la guerre, qui n'a combattu que pour défendre les nationalités, a été aussi criminel à leurs yeux parce qu'il n'était pas de race barbare et qu'il attaquait le brigandage qui était leur loi.

Cette haine de la vieille barbarie féodale contre un peuple qui lui est hostile est chose naturelle, mais que cette haine soit partagée par les peuples qui devraient avoir de la reconnaissance et de l'amitié pour celui qui a travaillé dans l'intérêt de tous, cela paraît monstrueux. Qu'un individu soit ingrat envers un bienfaiteur, cela se voit souvent parce que l'individu est l'instrument de ses faiblesses ; mais dans une nation la majorité devrait être du côté du bien pour combattre le mal. Cependant, pas une des nations à qui la France a rendu service n'a fait défaut dans le concert des malfaiteurs, soit directement ou indirectement, pour contribuer au brigandage allemand, les mandataires de la Sainte-Alliance féodale. Il y a eu un général célèbre des Etats-Unis qui est venu féliciter ses congénères du mal qu'ils faisaient à la France, et les Etats-Unis, comme les autres Etats de l'Europe, savent profiter des occasions pour lui nuire. Si les Gaulois ne sont pas corrigés de leur générosité ils sont incorrigibles.

Ces manifestations ne sont pas l'expression exacte du sentiment des peuples, elles sont celles des ambitieux qui les dominent, qui emploient tous les moyens pour les façonner, de manière à pouvoir les tromper le plus facilement dans l'intérêt de leur ambition.

La France offre au monde l'exemple le plus déplorable de ces faits depuis 1870 ; le deuxième Empire, comme le premier, était d'origine révolutionnaire et latine, deux choses que les races barbares ne pardonnent pas parce qu'elles attaquent les principes qui ont fait leur force.

Cette haine de principe est si puissante dans la conduite des hommes, que Bernadote, malgré les services qu'il rendit, à la première Sainte-

Alliance, n'eut pas trouvé grâce à la chute du premier Empire s'il avait occupé une situation plus importante.

Ces faits devraient démontrer aux plus aveugles que l'empereur latin et ses partisans sont dans une situation où la trahison leur est impossible puisqu'ils se trahiraient eux-mêmes. Ce qui n'empêche pas les Gaulois de répéter avec ceux qui ont trahi que se sont les impérialistes et de les traiter en ennemis.

Cette persévérance dans une erreur et une injustice aussi grossière démontre la légèreté du caractère gaulois qui l'éloigne de tout ce qui est sérieux pour le jeter dans les futilités plaisantes qui amusent, auxquelles il donne une importance exagérée.

Tant que les contradictions de conduite qui résultent de l'ignorance demeurent intestines, les effets en sont moins préjudiciables ; mais qu'un peuple ne sache plus distinguer ses amis de ses ennemis, qu'il s'allie avec les ennemis de la révolution, croyant être révolutionnaire, pour être victime de ces faux alliés et de ces faux frères dont la rudesse dépasse celle des barbares plus habitués à dominer, les Gaulois devraient cependant savoir qu'il ne suffit pas d'afficher des préceptes, il faut savoir les appliquer.

Pour construire une société, comme pour toutes

les constructions, il faut choisir les hommes qui sont propres à cette construction ; c'est encore dans le parti impérialiste révolutionnaire qu'on le trouve, parce que ce parti se compose de prolétaires que le travail et l'économie ont élevés, ils sont toujours par leur situation la tête du prolétariat qui sans eux devient impuissant. La division des intérêts entre le payant et le salarié n'est le fait ni des uns ni des autres, elle est résultat d'une situation sociale qui doit se modifier par une entente mutuelle, la mobilité des situations est commune à tous les travailleurs.

Si l'on examine l'état moral du prolétariat on reconnaît qu'au lieu de se façonner pour se préparer à une assimilation sociale, il a procédé jusqu'à ce jour pour en être séparé, il n'a pas compris que dans un intérêt commun il faut une union commune et que toutes les institutions qui divisent les hommes lui sont contraires.

En faisant de l'Etat son banquier il est devenu son ennemi et celui de ses patrons ; en se faisant religieux, employé d'octroi, policier armé ou non, il se constitue parasite et défenseur du parasitisme supérieur qui asservi les peuples.

L'alliance de la barbarie militaire qui s'est donnée le titre de noblesse, et de la barbarie religieuse qui s'est donnée le titre de vénérable et de sainte, existe toujours pour le malheur des peuples. Comme à son début, les sectes qui se sont formées sont ennemies pour le partage du parasitisme ; mais, menacées dans leur principe, elles se réunissent pour se défendre contre l'ennemi commun, et travaillent sans trêve à reconstituer leur situation première ou effet absolu du principe ; il n'y a que l'ignorance qui fait croire au peuple que les organisations peuvent se bonifier sans périr et qu'en changeant d'idoles on peut en trouver de bonnes, comme si le plâtre, le bois, le marbre ou le bronze changeaient de propriétés en changeant de formes, tandis que la raison scientifique indique que tout ce qui tient de l'organisation barbare parasite doit être renversé, comme le laboureur renverse les herbes naturelles pour les remplacer par les plantes cultivées.

Nous avons donné l'organisation suivant le droit qui détruit tout ce que le passé a établi et permet toutes les agrégations indiquées par la nature de se produire et de vivre sans contrainte, que l'observation des lois sociales, la solidarité dans le travail et la surveillance mutuelle préviendront les accidents que des malfaiteurs téméraires voudraient faire naître.

Pour que cette œuvre de progrès s'accomplisse, il y a une marche méthodique à suivre : il faut établir un manuel d'instruction nationale pour les adultes, afin que chaque citoyen puisse comprendre

sa mission, et les jours de fête, à une heure déterminée, dans chaque commune, il y aurait réunion pour se mettre au courant de la marche des
choses, afin de préserver les citoyens de l'influence
du mensonge dont les malfaiteurs font usage, qui
deviendra impuissant lorsque la marche à suivre
et le but à atteindre seront connus de tous.

La France est le centre physique de l'empire
latin d'Occident, le nom que la barbarie lui a donné
disparaîtra dans la grande fusion latine, ainsi que
celui des autres fractions qui ont toutes le même
intérêt, qui sont divisées et ennemies par le parasitisme qui les domine et les asservit.

L'action politique de la nouvelle génération de
toutes les fractions de l'ancien empire latin, que
leur intérêt qui dérive de leur situation géographique est de s'unir de nouveau, doit travailler
à l'établissement d'une république latine, qui comprendra tous les Etats latins au sul et à l'occident
des frontières naturelles, sans tenir compte de la
variété des langues qui s'unifieront avec le temps,
puisque le progrès indique que cette unité devrait
s'étendre à tous les peuples, afin que les barbares
teutons ne puissent plus dire que les Francs, les
Bourguignons, les Gaulois, les Sicambres, mêlés
avec toutes les autres races de la Germanie, soit
la population la plus mélangée qui habite la partie
sud de la vallée du Rhin, sont de race allemande

parce qu'ils parlent la langue allemande, ce qui ne change rien à l'intérêt des peuples qui domine toutes les autres considérations. Les peuples du nord de l'Europe qui sont de races barbares, qui n'ont jamais connu que la servitude, suivront l'exemple des latins. Chaque peuple doit avoir le courage de supprimer ses parasites sans le secours d'autrui, c'est le seul moyen d'être maître chez soi.

Lorsque le droit sera appliqué, que la république effective évitera le parasitisme supprimé, les hommes n'auront plus qu'à s'occuper de leur intérêt qui est déterminé par les situations.

En examinant l'ancien monde, on voit que le tout ne forme qu'un continent ; les divisions géographiques ne sont apparentes que pour l'Afrique, le reste ne forme qu'un bloc dont les parties se complètent l'une par l'autre comme climat et production.

Les peuples qui habitent l'Europe ont, dans l'intérêt de leur existence, à s'avancer sous l'équateur, se fondre avec les peuples qui habitent ces contrées, pour y porter la civilisation et le développement de la culture dans l'intérêt de tous. Cette marche est toute tracée par la nature, et lorsque les peuples ne s'occuperont plus des folies barbares, il la suivront avec peu d'effort, parce que la raison sera avec eux. Dans ce cas, la politique des nations européennes ne sera que l'étude des moyens économiques pour les échanges des produits divers et de leurs transports, le sol européen et ses divisions, indiquées par la nature, qui correspondent à d'autres divisions naturelles, en Afrique et en Asie.

La première ligne de l'épuration qui comprend le Rhin, les Alpes suisses, les Alpes tyroliennes et la mer Adriatique, rétablit l'ancien Empire latin d'Occident tel qu'il existait sous la domination romaine, qui se trouve conforme aux intérêts des peuples, malgré les divisions que la barbarie y a établi.

La seconde ligne qui part de la mer du Nord par le Sund, va se souder à la Vistule, suit les Krapates, le Pruth, abouti à la mer Noire, divise-les deux autres Etats de l'Europe selon leurs intérêts respectifs ; la part qui est faite à la Russie, qui paraît exhorbitante par son étendue géographique, est une nécessité équitable, elle ne peut avoir une marine indépendante comme les autres nations que par l'annexion naturelle de la Suède et de la Norvége.

La première ligne européenne correspond à la mer Rouge, la seconde à la chaine de montagnes qui sépare la vallée du Tigre de la Perse et au golfe Persique ; la part de conquête agrégative des latins est l'Afrique, la part de la nation centrale qui pourra prendre le nom de République germanique, qui indique la plus grande fraction des peuples qui en font partie, aura la presqu'île des Balkans et la partie de l'Asie qui se trouve entre la mer Rouge et la ligne qui abouti au golfe Persique. La République russe aura pour sa part de conquête les trois États qui la séparent du golfe Persique et de la mer d'Oman.

Ces trois divisions peuvent aussi prendre les titres d'occidentales, centrales ou du nord, qui sont communs à toutes les races.

De toutes les capitales existantes, il n'y a que Vienne qui demeure le centre de la nation centrale, Kiew devient le centre de la nation orientale et Avignon celui de la nation occidentale.

L'application du droit et de l'équité à la politique générale donne aux nations la part de terre qui leur est propice ; les aboutissants dans les mers intérieures font disparaître les entraves de la barbarie qui s'opposaient au développement industriel des uns au profit d'un ou plusieurs autres. Les nations qui ont été des fléaux avec leur force navale disparaissent dans cette grande fusion, le droit devient la règle générale et la force glorifiée par les conquérants ivres d'alcool et de rapine tombera dans le mépris devant les générations futures.

L'application du droit rend aussi plus apparents

les méfaits qui se continuent parmi les peuples, il semble que les découvertes scientifiques n'ont de la valeur que dans les mains des malfaiteurs qui s'opposent par les moyens possibles à ce que l'humanité en profite, leur perversité a peur de la vérité, le mensonge et la lâcheté sont toujours leurs moyens d'action.

Nous avons indiqué les moyens qui suppriment ces effets par la culture sociale, et la division des nations qui pourront se mouvoir sans rencontrer des obstacles hostiles à leurs intérêts et travailler réciproquement à une fusion générale dans l'avenir.

Pour faciliter les rapports entre les peuples, il convient de simplifier autant que possible les moyens qui sont : l'unité de langage, des poids et mesures et des monnaies.

TABLE DES MATIÈRES

Lyon. — Imprimerie Perrellon, grande rue de la Guillotière, 23

www.ingramcontent.com/pod-product-compliance
Lightning Source LLC
Chambersburg PA
CBHW070626100426
42744CB00006B/612